Die Weisheit des Saturn

Barbara Vödisch

Die Weisheit des Saturn

ch. falk verlag

Originalausgabe
© ch. falk-verlag, seeon 2012
Umschlaggestaltung: Dirk Gräßle, München
Satz: P S Design, Lindenfels
Druck: Druckerei Sonnenschein, Hersbruck

Printed in Germany
ISBN 978-3-89568-235-3

Inhalt

Zum Geleit

Es ist mir eine große Freude, zu euch zu sprechen. Ihr seid jetzt bereit für einen tiefgreifenden Prozess, der alle Ebenen eures Seins umfasst, für den Sprung in ein neues Bewusstsein.

Wer bin ich, wer ist Saturn? Ich bin nicht losgelöst, bin nicht getrennt von euch. Wir sind alle nur vielfältige Erscheinungen, die derselben Quelle entspringen. Wir sind in der Essenz eins. Du hast einen Namen, und doch bist du mehr als ein Name, als eine Person. Ich möchte mich nicht als Person Saturn verstanden wissen. Ich bin kein getrenntes Wesen, nur die Kraft, die jeder in seinem Leben meist schmerzlich erfährt. Ich bin die Kraft, die eurem Glück im Wege zu stehen scheint. Ich bringe euch auf den Boden der Tatsachen zurück, demütige euer Ich, lasse euch Enge und Begrenzung erfahren. Deswegen ist es in der Astrologie weit verbreitet, Schwierigkeiten mit „Saturneinflüssen" in Verbindung zu bringen. Ihr empfindet mich meist als Problem, obwohl ich nur Hilfe zur Erkenntnis bin. Da ich euren Vorstellungen von einem glücklichen Leben nicht entspreche und durch Krisen euer System sprenge, bin ich nicht beliebt und erzeuge große Widerstände. Mich als strafenden Saturn gibt es genausowenig wie einen strafenden Gott. Wer oder was sollte gestraft werden? Eure Unwissenheit, eure Unbewusstheit? Ihr seid menschlich. Ihr wisst es manchmal nicht besser. Doch jetzt ist die Zeit gekommen, einen Bewusstseinssprung zu vollziehen. Immer mehr Menschen erwachen in ein neues Bewusstsein. Bis auf wenige Ausnahmen seid ihr euch der Einheit allen Seins aber noch nicht durchgängig bewusst. Ihr erlebt auch Zeiten, in denen ihr das Gefühl habt, aus dem stillen Glück, dem Bewusstsein der Einheit herauszufallen. Meist geschieht das, wenn ihr mir begegnet, der Kraft, die ihr als hinderlich und einengend empfindet. Ich möchte euch helfen, die scheinbaren Hindernisse anders zu betrachten, damit ihr immer in euch ruhen könnt.

Ihr kommt an mir nicht vorbei. Ich hole euch ein, bringe euch an eure Grenzen. Ich scheine euch nicht das Leben leben zu lassen, das ihr euch erträumt. Besonders wenn ihr euch sicher fühlt, wenn ihr glaubt, jetzt passt alles, erwische ich euch auf dem falschen Fuß. Und dann wünscht ihr euch, dass diese Umstände, genau wie die Menschen, die euch stören, auf nimmer Wiedersehen verschwinden mögen. Ich scheine für euch eine Bedrohung zu sein. Ich weiß, wie oft ihr mich verflucht habt und an mir verzweifelt seid. Doch solange ihr mich als Fluch seht, nicht mit mir Frieden schließt und mich in der Tiefe eures Herzens annehmt, kehrt keine Ruhe, nicht die Durchgängigkeit wahren Glücks ein.

Ich bin unerbittlich, lasse mich nicht blenden, nicht von euren Illusionen, Wünschen und Vorstellungen. Meine Kraft ist unbeirrbar, gnadenlos und dabei voller Gnade. Sie mag sich manchmal wie eine Ohrfeige anfühlen, erniedrigend für euren Stolz, ernüchternd für eure Vorstellung von einem erfüllten Leben und einer besseren Welt. Es erscheint euch, als verbaue ich den Weg zum Glück. Aber was, wenn ich gerade die Schwelle zum wahrem Glück bin? Was, wenn ihr, anstatt wütend zu werden und zu verzweifeln, einfach akzeptiert, dass sich nicht alles euren Vorstellungen beugt. Und was, wenn euch das nicht behindert und keine Strafe, sondern ein Segen ist, den ihr nur durch eure begrenzten Vorstellungen nicht erkennt? Was, wenn euer Ich zu begrenzt ist, um zu wissen, was euch wirklich dient? Was, wenn die Herausforderungen das Tor sind, das ihr durchschreiten müsst, um in wahres Glück einzutauchen? Was, wenn ihr erst frei seid, wenn euer Widerstand schwindet und ihr alle Aspekte des Lebens umarmt?

Die Schwelle eurer Vorstellungen und eurer Kontrolle zu überschreiten, ist sehr unbequem fürs Ego. Ihr glaubt oftmals nicht das zu bekommen, was euch zusteht, dass das Schicksal euch immer etwas vorenthält. Manchmal habt ihr sogar das Gefühl, richtig in die Zange genommen zu werden. Ich diene nicht eurer Bequemlichkeit, dem Ego und seinen Illusionen, erfülle nicht eure Erwartungen, sondern diene einzig der Wahrheit. Diese umfasst alles: Licht und Schatten, Expansion und Reduktion. Ihr liebt die Kraft Jupiters, die Ausdehnung, Wachstum und Blüte bringt. Die Begrenzung, die Reduktion, behagt euch weniger. Ihr wollt immer mehr, wollt immer höher und weiter. Ihr findet immer etwas, was ihr noch nicht habt und zu brauchen meint. Obwohl ihr alles habt, reicht es nie. Ich lehre euch, dass manchmal im Weniger mehr liegen kann. Ich lehre euch

Ganzheit, auch das, was ihr abspalten und ausmerzen wollt, anzunehmen. Alles, was ihr als Strafe empfindet, hilft euch, um in das Eine Bewusstsein zu erwachen, das allumfassend ist und nichts ausgrenzt.

Wie oft habt ihr euch schon gegen bestimmte Erfahrungen gewehrt? Und dann hat das Leben euch eines Besseren belehrt. Den Kampf mit dem Leben verliert ihr. Es ist einfach größer, weiser. Ihr bekommt es nicht unter Kontrolle und könnt ihm nicht ausweichen. Jedes Ausweichen, jeder Widerstand bringt Schmerz. Ich möchte euch helfen, den Kampf mit dem Leben zu beenden. Diese Feindschaft hat ihre Wurzeln in eurer Unbewusstheit, im Bewusstsein der Trennung. Der Glaube, dass euch etwas im Wege steht, um wahrhaftig glücklich zu sein, ist Illusion. Im Bewusstsein der Trennung existieren viele Probleme, im Bewusstsein der Einheit keine. Probleme entstehen nur, indem ihr spaltet, an Gut und Böse glaubt und daran, dass das Leben und die Menschen euren Vorstellungen entsprechen müssten. Ihr glaubt, alles besser zu wissen, anstatt dem Leben und seiner Weisheit zu folgen. Euch fehlt die Demut, zuzuhören und zu lernen.

Ich möchte euch dabei unterstützen, das Bewusstsein der Trennung zu überwinden, indem ihr aufhört, verschiedene Aspekte des Lebens abzuspalten und auszumerzen. Lernt sie lieber verstehen und akzeptieren. Nichts hindert euch daran, glücklich zu sein, nichts ist euer Feind. Alles, was ihr als Hindernis oder Bedrohung anseht, geschieht nicht, um euch zu schädigen, sondern dient einzig der Entfaltung eures wahren Potenzials. Auch wenn der Verstand das nicht immer begreifen kann, liegt gerade in den Herausforderungen eure Chance zur Erkenntnis.

Wenn ihr euch in die Enge gedrängt fühlt, geschieht das einzig, um durch Demütigung euer Ego zur Kapitulation, zur Hingabe an das größere Ganze zu bewegen. Manchmal seid ihr so vernagelt, so uneinsichtig, dass ihr nur so und nicht anders verstehen und lernen könnt.

Was wie eine Bestrafung aussieht, sogar als wolle man euren Willen brechen, ist in Wahrheit eurem wahren Selbst, eurem wahren Glück zu Diensten.

Wie besessen wollt ihr eure Vorstellungen vom Leben erfüllt sehen und übersehr dabei wie verhältnismäßig und bedeutungslos das für euer Glück ist. Ihr nehmt selbst enormste Anstrengung, Kampf und Streit in Kauf, um etwas zu erzwingen, was nicht zu erzwingen ist. Die Gesetzmäßigkeiten des Lebens sind nun einmal stärker als jegliche Kraft, die ein scheinbares Ich aufbringen kann. Das Leben will nicht mit euch kämpfen, sondern euch nur die Akzeptanz aller Aspekte des Lebens lehren. Es entlarvt die Enge eurer Vorstellungen, fügt euch Schrammen zu, nur um euch die Ganzheit erkennen zu lassen.

Jeder Widerstand ist zwecklos. Kämpft nicht dem Leben. Nehmt es an.

So überwindet ihr den Geist der Trennung und werdet euch der Einheit bewusst. Umarmt das Leben auch, wenn es sich nicht nach euren Wünschen und Vorstellungen richtet. Ihr könnt auch dann glücklich sein. Nichts hält euch auf.

Das, was du vermeiden willst, kann genausogut ein Segen sein wie das, wovon du dir offensichtlich Glück versprichst.

Keine Seite der Medaille ist besser als die andere. Das, was leuchtet, ist in der Essenz dasselbe wie das, was du fürchtest. Zwei Seiten einer Medaille sind in der Ganzheit nur ein und dieselbe. Eins existiert nicht ohne das andere. Sie sind unterschiedlich und doch eins.

Es wirken nun einmal gegensätzliche Kräfte in der Dualität auf Erden. Traurigkeit und Freude, Licht und Schatten, Sanftmut und Härte. Alles hat seine eigene Schönheit. Ihr überbewertet immer eine Seite, während ihr die andere Seite abwertet und als Gefahr betrachtet. Eine unglaubliche Anstrengung, das festzuhalten, was ihr für Glück haltet, und alles andere ausmerzen! Was, wenn ihr beide Seiten, alles, die ganze Welt annehmt? Dann seid ihr eins, braucht euch vor nichts zu fürchten und nicht zu flüchten. Dann bist du in Frieden. Dein Kampf gegen das, was ist, endet. Bestimmte Aspekte des Lebens haben und andere ausmerzen zu wollen, widerspricht der Balance, der Allumfassenheit des Lebens.

Bei allem, was immer du in deinem Leben als einzig Glück bringend betrachtest, vergiss den Gegenpol nicht. Deine Angst und dein Bedürfnis nach Kontrolle versiegen, wenn alles sein darf. Du musst nicht mehr kämpfen und dich nicht unnötig anstrengen, um das eine festzuhalten und das andere loszuwerden. Entspannung geschieht, wenn du mit allem in Frieden bist.

Was, glaubst du, müsste aus deinem Leben verschwinden, damit du glücklich sein kannst? Was lehnst du ab? Was willst du vermeiden? Deine Bemühungen zu flüchten sind umsonst. Es gibt kein Entrinnen, kein Entkommen. Ich halte dich dort fest, wo du bist. Zunächst mache ich mit kleinen

Anzeichen auf mich aufmerksam. Viele ignorieren sie einfach, sind blind für die Realität und rennen lieber Illusionen hinterher. Wenn du aber meine zunächst harmlosen Schubser nicht beachtest, kann es sehr unbequem werden. Das kann sich durch scheinbare Schicksalsschläge äußern, Streit wird entfacht, und Luftschlösser fallen zusammen. Vieles läuft plötzlich nicht mehr so, wie du es erwartest. Es beginnt mit Kleinigkeiten, die dich zu behindern scheinen, und kann bis hin zu dem Gefühl führen, dich wie im Käfig zu fühlen und keine Luft mehr zu bekommen. Es kann als sanfte Brise oder als Orkan kommen, und egal was du tust, es gibt kein Entrinnen. Wenn du einen Höhenflug anstrebst, alles unter Kontrolle zu haben glaubst, hole ich dich ein. Manchmal nicht gerade sanft, sondern unerbittlich.

Ich erniedrige dein Ich, bis du dich hingibst, bis du verstehst, bis du dich demütig verneigst. Manchmal geht es sogar soweit, dass du ganz in die Knie gezwungen wirst. Erst wenn es richtig dick kommt, nimmst du mich ernst. Du wirst dann gezwungen, dich mit der Realität auseinanderzusetzen und deine gewohnten Bahnen zu verlassen.

Oftmals fühlst du dich in diesen Momenten wütend und hilflos, bist verzweifelt, weil du nicht weißt, was du gegen das Unausweichliche tun kannst.

Zuerst nehmt ihr die Realität nicht ernst. Dann versetzt sie euch plötzlich in Angst und Schrecken. Dabei ist die Realität neutral. Sie ist unbeirrt davon, ob du sie sehen oder akzeptieren willst. Sie ist aber auch wiederum nicht so dramatisch, wie sie dir, wenn du Angst hast, plötzlich erscheint. Bedingt durch deine Widerstände und Glaubenssätze machst du aus einer Mücke einen Elefanten. Du leidest, obwohl da nichts ist. Wenn du mitten in der Situation, die du als Problem empfindest, still wirst, nicht flüchtest, dich in die Begrenzung hinein entspannst, kehrt Friede ein. Dein Problem löst sich in Luft auf, obwohl sich die Situation selbst nicht verändert hat. Stell dich dem Leben. Sei offen für das Geschenk, das gerade dort liegt, wo du es nicht vermutest.

Was, wenn dir nicht immer das dient, was du dir wünschst, sondern was das Leben dich erfahren lässt?

Was, wenn du dich vom Leben führen lässt, anstatt es zu kontrollieren? Was, wenn du den Glauben aufgibst, besser zu wissen, was für dich richtig ist? Was, wenn du dir das scheinbare Problem zum Freunde machst?

Doch Vorsicht, wenn du glaubst, das Leben blenden und für deine Spiele benutzen zu können! Du kannst keinen Kuhhandel mit ihm betreiben, es durch Freundlichkeiten oder auf eine andere Art und Weise kaufen. Es ist unbestechlich. Erfahr „das Unbequeme" einfach nur, anstatt ihm auszuweichen. Es passiert dir nichts. Weichst du aus, wirst du unweigerlich, meist sehr massiv auf den Boden der Tatsachen zurückgeworfen. Du kannst deinen Gefühlen, den Erfahrungen, die für dich vorgesehen sind, nicht entkommen.

Sie werden dir in den verschiedensten Varianten präsentiert, bis du endlich ja zu ihnen sagst und erkennst, dass sie dem Wesentlichen in dir nie etwas anhaben können. Dein wahres Sein ist immer heil und ganz. Außerdem liegt in keiner Situation das Drama, das du darin vermutest. Oftmals nimmst du vieles entweder viel zu ernst oder nicht ernst genug.

Das Leben folgt neutralen Gesetzmäßigkeiten und ist viel unpersönlicher, als du es in der Regel wahrnimmst. Es kennt keine Moral, keine Vorlieben oder Abneigungen, und es bevorzugt oder benachteiligt niemanden. Keine Herkunft, nichts zählt. Du bekommst auf einem Tablett besonders die Facetten des Lebens präsentiert, die du ablehnst. Das Leben selbst zeigt in seiner Gnadenlosigkeit, wo du wirklich stehst. Es zeigt dir, wo du dir etwas vormachst. Trotzdem brauchst du dich nicht vor dem Leben zu fürchten, es hat immer dein Wohl im Auge. In allem, was dir geschieht, liegt ein übergeordneter Sinn. Es gibt keinen Zufall und es gilt dir nur dieser natürlichen Gesetzmäßigkeiten bewusst zu werden.

So ist zum Beispiel in allen Bereichen des Lebens das Prinzip von Expansion und Reduktion wirksam. Egal, ob du Geschäftsführer bist und wirtschaftliche Expansion anstrebst, oder ob es sich um dein inneres Wachstum dreht, es gilt die natürlichen Prozesse zu berücksichtigen. Du kannst nicht auf ständiges Wachstum, auf ständige Erweiterung bauen. Die Expansion findet ihren Ausgleich in der Reduktion, in der Begrenzung. So verhält es sich auch mit Jupiter und mir. Wie sollte die Expansion Jupiters ohne die Reduktion Saturns existieren? Wir durchdringen uns. Unsere Trennung ist Schein. Wir sind eins, wirken zusammen, können ohne einander nicht sein. Unsere Kräfte leben auch in dir. Mit den Kräften Jupiters verbindet ihr in eurer Gesellschaft Glück. Mit der Erweiterung, der Expansion, dem Überfluss Jupiters habt ihr einen Pakt geschlossen. Dem lauft ihr hinterher. Eure Gesellschaft ist irrtümlicherweise nur auf Expansion ausgerichtet. Damit kommt ihr nicht nur wirtschaftlich an eure Grenzen.

Egal, wie sehr ihr euch anstrengt, Expansion zu erzwingen, ihr könnt nur irgendwann scheitern. Ihr bewegt euch nun einmal in der Dualität. Da existieren immer Gegensätze. Vieles ist aus den Fugen geraten, weil euch nicht bewusst ist, dass nur die Gegensätze zusammen ein harmonisches Gleichgewicht ermöglichen. Ausgewogen ist der Tanz von Expansion und Reduktion. Ihr strebt Überfluss an, während ihr die Reduktion vermeiden wollt. Und dann verteufelt ihr mich, weil ich euren Wunschbildern nicht entspreche. Ihr glaubt sogar, dass ich eurer Entfaltung im Wege stehe. Dieser Irrtum, dieses Missverständnis, lässt euch sehr viel Schmerz und Leid erfahren. In der Akzeptanz der Enge, der Beschränkung, liegt Freiheit. Auch Jupiter ist nicht glücklich über die Erhöhung, die ihr mit der Interpretation seiner Energien betreibt. Im Übermaß ist Expansion zu viel des Guten.

Für eure Konsumgesellschaft sind die Prinzipien Reduktion, Sammlung und Selbstreflexion bedrohlich. Wenn du erfüllt im Dasein an sich, frei von allem bist, nichts wirklich brauchst, bist du nicht mehr bedürftig und nicht mehr durch Angst manipulier- und kontrollierbar. Das System eurer Konsumgesellschaft funktioniert dann auf die alte Art und Weise nicht mehr.

Ihr glaubt, dass euch immer etwas fehlt, was ihr braucht. Dabei liegt oftmals im Weniger, sogar im Nichts, mehr als in allem, dem ihr hinterherrennt und für das ihr euch verbiegt und verkauft.

Ihr geht immer davon aus, dass in dem Rückzug, dem Alleinsein, in der Reduktion Mangel und Verlust liegen. Welche

Fülle im Weniger, in der Beschränkung, liegen kann, haben die meisten von euch nie erfahren. Ihr wurdet von Kind an gelehrt, dass es Reduktion unbedingt zu vermeiden gilt und Erfolg und Glück einzig in der Ausdehnung, in der Blüte liegen. Dabei liegt in der Beschränkung, in der Besinnung aufs Wesentliche ein unentdeckter Diamant.

Ihr habt vergessen, dass Fülle selbst im Nichts, im reinen Da-Sein liegt. In euch ruht etwas, das vollständig ist und keinen Mangel kennt. Nur weil ihr eure innere Vollständigkeit vergessen habt und an Mangel glaubt, scheint immer etwas zu fehlen.

Aller Schmerz, aller Mangel entstehen nur durch euren Glauben daran, dass etwas fehlt, und durch eure Bewertung der Dinge. Ihr gebt den Dingen ihre Bedeutung. Wenn ihr Mangel seht, ist da Mangel, wenn ihr Feinde seht, sind da Feinde, obwohl es keine gibt. Sowohl der Mangel als auch die Feinde sind, sobald ihr tiefer schaut, nicht mehr existent. Liebe ist und bleibt hinter allem.

Die Erdenschwere

In manchen Momenten fühlt sich euer Leben wie eine Bürde an. Ihr fühlt euch von den alltäglichen Pflichten so erdrückt, dass ihr Angst habt, die Herausforderungen des Alltags nicht bewältigen zu können. Ihr übersehr dann, dass ihr euch selbst diesen Zwängen unterwerft und euch unnötige Lasten auferlegt. Ihr glaubt, dass etwas so wichtig sei, dass euer Glück davon abhängt. Dabei ist das meiste bedeutungslos. Und selbst wenn es wichtig wäre, hilft es nicht, euch unter Druck zu setzen. Ihr glaubt, Erwartungen entsprechen zu müssen, und fühlt euch für Dinge verantwortlich, die gar nicht eure Angelegenheit sind. Das nimmt euch die Luft zum Atmen. Ihr vergesst dabei die Freude und die Leichtigkeit des Seins. Einzig eure gedanklichen Zwänge erzeugen diese unnötige Schwere. Wenn du eine Last auf deinen Schultern und deiner Seele spürst, denkst du zu sehr in gewohnten Bahnen. Nimm einen anderen Blickwinkel ein. Werde kreativ. Es gibt viel mehr Möglichkeiten, als du denkst. In der Regel betrachtet ihr die Dinge zu einseitig und immer nur so, wie ihr es gewohnt seid. Seid gewiss, wenn ihr leidet, ist eure Sicht verzerrt. Nicht in der Situation selbst liegt das Problem, sondern in der Enge eurer Gedanken. Stellt eure Gedanken und Vorstellungen in Frage, alles, was ihr für normal und unveränderbar haltet. Viele Situationen werden allein dann schon leichter, wenn ihr sie anders betrachtet. Macht euch nicht zum Sklaven scheinbarer Zwänge. Eure Pflichten erdrücken euch. Disziplin und die Erfüllung eurer Aufgaben sind zwar wichtig, aber sie sind lebendig, ins Fließen eingebettet und nicht starr und lebensfeindlich. Sie sind keine Lasten, sondern dienen euren Begabungen, eurem Ausdruck. Das Leben muss keine Bürde sein, es kann leicht sein und Spaß machen.

Schon eure Kinder haben keine unbeschwerte Kindheit mehr und werden früh in unnötige Zwänge gepresst. Bereits in der Schule werden sie in die Mangel genommen. Oftmals verlieren sie dort ihre natürliche Freude, zu lernen und das Leben zu erforschen. Solange sie noch nicht durch eure Ängste und Strukturen verdorben sind, lernen sie von selbst. Ist es für ein Kind eine Last, laufen oder sprechen zu lernen? Es experimentiert einfach. Es fällt hin und steht wieder auf. Von selbst sind Kinder neugierig und interessiert. Sie wollen lernen. Das ist in euch Menschen ganz natürlich angelegt. Die Welt zu erfahren, sich selbst auszuprobieren und seinen Beitrag zu leisten, ist ein menschliches Grundbedürfnis. Aber aus einem natürlichen Bedürfnis einen Zwang zu machen, erzeugt nichts als Unlust und Widerstand. Die einst konstruktive Energie schwindet. Die Freude, spielerisch und ohne Druck zu lernen und eure Arbeit zu verrichten, ist euch verloren gegangen. Ihr glaubt, euer System funktioniert nur, wenn sich Menschen zum Lernen und zur Arbeit zwingen. Ihr glaubt auch, dass die meisten faul herumsitzen und nichts mehr tun würden, wenn sie nicht für ihren Lebensunterhalt sorgen müssten. Weil ihr der Zwänge verständlicherweise müde seid, glaubt ihr, dass keiner Lust hätte, etwas zu tun, wenn er nicht müsste. Viele wünschen sich so viel Geld, dass sie nie mehr arbeiten müssten. Sie glauben, dann wären sie endlich frei. Die meisten Menschen würden aber von selbst etwas tun, was ihren Begabungen entspricht. Ihr habt vergessen, dass Lernen und Arbeiten Freude machen und eurer Entfaltung dienen sollen. Ihr wisst selbst, wie leicht vieles von der Hand geht, wenn ihr es gerne tut. Dann bemerkt ihr nicht einmal, wie die Zeit vergeht. Jeder verfügt über Talente und Fähigkeiten, die einzigartig sind. Nutzt sie, anstatt euch zu etwas zu zwingen, was euch keinen Spaß macht. Wenn ihr keiner Selbstüberschätzung unterliegt, über Ausdauer und Disziplin verfügt, nicht bei der ersten Herausforderung die Flinte ins Korn werft und keine Selbstboykotte und Mangelprogramme fahrt, ist vieles möglich, was ihr für unmöglich haltet. Aber nur, wenn ihr mit ganzem Herzen und vollem Engagement dabei seid. Denn von nichts kommt nichts. Wann, wenn nicht jetzt, wo sich viele alte Strukturen wie die der Kirchen, der Banken und der Staatssysteme wandeln, ihr euch auf nichts mehr verlassen könnt, habt ihr die Chance, neue Wege zu beschreiten? Wann, wenn nicht jetzt, könnt ihr mit eurem Engagement und euren Talenten eine Welt jenseits von Mangel und Machtstreben gestalten? Habe den Mut, dich zu befreien! Es ist eine Revolution von innen, eine Wandlung des Bewusstseins bei jedem Einzelnen.

Die Zeiten sind, obwohl sie manchem erschreckend anmuten, besser denn je. Wichtig ist jetzt, eure Ängste zu durchschreiten und euch nicht mehr in eurem Potenzial zu beschneiden. Was bringt dein Herz zum Springen, deine Augen zum Leuchten? Jetzt ist die Zeit, dich von alten Zwängen zu befreien und dein Leben neu zu gestalten. Dabei geht es nicht darum, gegen bestehende Systeme zu kämpfen oder Schuld zuzuweisen. Lebe einfach das, was du dir wünschst. Sobald du glaubst, die anderen sollten etwas ändern, beginne bei dir. Sobald du dich über das System und die Politiker ärgerst, beginne bei dir. Wo bist du selbst gefangen? Tust du selbst, was du von anderen forderst? Selbst wenn die ganze Welt in Dunkelheit und Dramen gefangen wäre, kannst du in Leichtigkeit leben, als strahlendes, helles Licht leuchten. Ihr glaubt fälschlicherweise, dass sich auch die Menschen, die euch nahestehen, aus ihrem Leiden befreien müssten, damit ihr ganz frei und glücklich sein könnt. Ihr glaubt, es stehe euch nicht zu, glücklich und frei zu sein, während andere noch leiden. Ihr glaubt, sie zu verraten und im Stich zu lassen. So bleibt ihr alle gefangen. Lasst euch nicht auf die alten Leidensgeschichten ein. – Das heißt natürlich nicht, herzlos und ohne Mitgefühl gegenüber dem Leid anderer Menschen zu sein, sondern nur die Mangel- und Leidensgeschichten nicht mehr zu nähren. Steige aus, denn sonst ist kein Ende in Sicht. Die Lösung aller Probleme liegt in der Bewusstwerdung der Einheit. Die Lösung eurer Probleme liegt nicht auf der Ebene, auf der das scheinbare Problem existiert. Ein Problem existiert nur im dual gefangenen Bewusstsein. Wenn du diese Bewusstseinsebene verlässt und dich dem Bewusstsein der Einheit hingibst, siehst du das Problem mit anderen Augen. Du fragst dich, wie du dich aus dem dual gefangenen Bewusstsein lösen kannst? Halte dich vor allem nicht mit Diskussionen auf. Du verwickelst dich unnötig. Anstatt dich in eine Geschichte nach der anderen zu verstricken und vor allem die Welt, deine Familie und Freunde retten zu wollen, bleibe bei dir. Wenn du das starke Bedürfnis fühlst, dass es ihnen besser gehen soll, ist es dein Verlangen nach innerer Freiheit und Glück. Stecke diese Energie in deine eigene Befreiung. Du wirst dann von selbst ohne Absicht anderen dabei behilflich sein, sich zu befreien. Du bist ein Beispiel dafür, dass es möglich ist, glücklich und ohne Leiden zu leben. Außerdem verspürt nicht jeder Mensch gleich stark dieses Brennen nach Freiheit, danach, wirklich glücklich zu sein. Lass die Menschen sein, wie sie sind, wie verstrickt auch immer. Du weißt nicht wirklich, was für sie passend ist. Wenn du das Leiden anderer nicht aushalten kannst, ist es dein Leiden. Kümmere dich um dich. Wenn du Leiden für unnötig hältst, befreie dich selbst von jeglichem Leiden. In Wahrheit fehlt niemandem etwas. In Wahrheit gibt es kein Problem. Ihr bemerkt es nur nicht, weil ihr immer noch an Mangel und Leiden glaubt. Mangel und Leid beherrschen euer kollektives Bewusstsein.

Wer sagt euch schon, dass ihr zum Glücklichsein nichts braucht, dass stilles Glück immer in euch ruht. Obwohl euch das Dasein alles schenkt, was wirklich wesentlich ist, registriert ihr das nicht. Und das nur, weil ihr falsche Erwartungen und Vorstellungen vom Leben habt. Wenn ihr nicht leiden wollt, lernt, eure Erwartungen in Frage zu stellen und das Leben anders als aus den gewohnten Augen zu betrachten.

Das Leben ist, wie es ist. Es wird leicht, wenn du dich ihm anvertraust und es nicht mehr an deinen Vorstellungen und Erwartungen misst. Nimm die Schwere nicht als unumgänglich. Im Einen Bewusstsein liegt eine selbstverständliche Leichtigkeit. Viele glauben: So leicht kann das Leben nicht sein. So kann die Welt doch nicht funktionieren. Doch, kann sie, sogar besser, als wenn ihr in euren Ängsten und Mangelprogrammen gefangen seid. Es gibt keinen Mangel. Es ist immer genug für alle da. Aus Angst häufen manche Menschen unverhältnismäßig viel Geld an. Andere wiederum haben wenig Geld, weil sie auf Mangel programmiert sind und zu wenig Engagement zeigen. Die kleineren und größeren Probleme in eurer Gesellschaft sind alle in Angst und in dem Glauben an Mangel begründet.

Um einen tiefgreifenden Wandel zu bewirken, ist jeder gefragt. Befreit euch von euren Ängsten und vom Gefühl des Mangels. Meist schaut ihr lieber auf andere. Mit ihren Schwächen und Unzulänglichkeiten kennt ihr euch bestens aus. Besonders wenn es ans Eingemachte geht und es unbequem wird, wälzt ihr es gerne auf andere ab, auf die Kinder, den Partner, die Eltern, die Lehrer oder Politiker. Ihr wollt es euch leicht machen. Wie schnell findet ihr einen Schuldigen, um euch unbeschadet rauszuhalten. Dabei sind bei euch die alten Mangelprogramme auch noch nicht erlöst. Oft sitzen sie tiefer, als ihr glaubt. Auch eure Gesellschaft, eure Regierung ist nicht umsonst so, wie sie ist. Sie existiert nicht losgelöst von euch und spiegelt euer kollektives Bewusstsein wider, das sich aus jedem Einzelnen von euch zusammensetzt. Es kann sich nur erheben, wenn die Wandlung bei jedem Einzelnen beginnt. Mit jedem einzelnen Menschen, der mit seinem Leben Frieden schließt, der die Geschichten des Mangels und des Leidens nicht mehr nährt, beginnt der Bewusstseinswandel. Und die Veränderung jedes einzelnen Menschen wirkt sich wiederum auf das kollektive Bewusstsein aus. Ein Einzelner kann nichts bewirken? Ihr unterschätzt, welche Auswirkung das Verhalten eines einzelnen Menschen auf andere hat. Es wirkt wie ein Schneeballsystem – die Veränderung eures Bewusstseins.

Ihr habt fast alle schon einmal den Wunsch verspürt, den menschlichen Bürden und Ängsten enthoben zu sein. Wenn ihr ihnen nicht ausweicht, durch sie hindurchgeht, eröffnet sich eine ungeahnte Leichtigkeit. Die Verdichtung auf Erden an sich erzeugt keinen Schmerz, nur dass ihr dem Leben entfliehen und es immer anders haben wollt. Ihr empfindet vieles nur als Last, weil ihr das Geschenk darin nicht erkennt. Wenn du dich aus der Erdenschwere lösen willst, indem du dich über die irdischen Gesetzmäßigkeiten hinwegsetzt, erfährst du nichts als Leid. Leichtigkeit geschieht, wenn du die Verdichtung und die Gesetzmäßigkeiten auf Erden akzeptierst. Je mehr du dich gegen die Begrenzung wehrst, desto mehr fühlst du dich von der Erdenschwere erdrückt. Du erfährst genau das, was du zu vermeiden suchst. Dich aus der Erdenschwere zu erheben, ist nur möglich, wenn du die Erfahrung der Verdichtung annimmst. Nur dann kannst du der Leichtigkeit des Seins frönen. Denn die Leichtigkeit des Seins ist nicht der Gegenpol zur Schwere. Sie umfasst beides, Leichtigkeit und Schwere. Wenn du keinen Widerstand leistest, verliert die Schwere ihren Schrecken.

Schwere an sich stellt kein Problem dar. Sie erzeugt kein Leiden, nur dein Kampf dagegen tut es.

Schließe zur Abwechslung einmal Frieden mit deinem Leben, wie es gerade ist. Akzeptiere das Leben in einem menschlichen Körper. Gib dich dieser Erfahrung des Menschseins hin. Auf Erden könnt ihr die wundervolle Erfahrung machen, unsterblicher Geist in einem Körper zu sein. Diese Vielfalt, diese Körperlichkeit existiert in dieser Form nur auf der Erde. Spüre deinen Körper und genieße ihn. Die Erfahrung, in einem Körper auf Erden zu sein, stellt wirklich kein Problem dar und kann, wenn du weise zu leben weißt, wundervolle Erfahrungen in sich tragen.

Einige Menschen haben große Angst vor der Verdichtung und davor, sich auf die Materie wirklich einzulassen. Sie werden von der unbewussten Angst beherrscht, in ihr stecken- und gefangenzubleiben. Du kommst trotzdem nicht aus, ob du willst oder nicht. Denn du bist jetzt nun mal hier und unterliegst bestimmten Gesetzmäßigkeiten. Auf deine Fluchtversuche wird keine Rücksicht genommen. Auch meine Kraft, die Kraft Saturns, lässt euch die Erde, die Materie erfahren und sorgt dafür, dass ihr der Realität nicht entfliehen könnt.

Ich halte mich nicht mit Luftblasen und Hirngespinsten, auch nicht mit „müsste, sollte, wenn und aber" auf. Es ist unbedeutend, was ihr alles tun müsstet und solltet. Ich bin pragmatisch und verweise euch nur auf das, was ist. Ich zeige euch die Wirklichkeit auf, an der alle Hoffnung, jeder Irrtum, jede Selbstüberschätzung zerbricht. Ich durchbreche den Schein. Ich sorge für Ernüchterung, wo ihr Abbildern hinterherrennt. Ich hole euch aus euren Gedankenwelten heraus, aus den Vorstellungen, wer ihr zu sein glaubt. Auch wenn es sich für euch manchmal wie ein Schlag ins Gesicht anfühlen kann, geschieht mein Dienst in Liebe, nicht aus Strafe oder Bösartigkeit. Ich sorge nur dafür, dass ihr mit euren Füßen auf dem Boden und mit dem goldenen Faden eurer Seele in Kontakt bleibt – damit dieser wahrhaftig leuchten kann. Ich bringe euch nur zu Fall, um euch in dem Naheliegenden, da, wo ihr es nicht vermutet, das Licht erkennen zu lassen.

Es fällt euch noch schwer, das Leben bedingungslos anzunehmen. Es ist, als würde es euch nie genügen, niemals richtig sein. Seid ihr denn der unnötigen Kämpfe und Anstrengungen nicht müde? Wollt ihr nicht den Kampf beenden und das Leben akzeptieren, wie es ist? Ihr könnt das Leben nicht unter Kontrolle bekommen. Es unterwirft sich euren Vorstellungen und eurem Machtbestreben nicht. Jedes Mal, wenn du das versuchst, bekommst du schmerzlich deine Grenzen aufgezeigt.

Wie wäre es zur Abwechslung einmal mit Frieden? Wie wäre es, zur Abwechslung das Leben und eure Menschlichkeit mit allen Ecken und Kanten in euer Herz zu lassen? Ich kann euch das jedenfalls wärmstens empfehlen.

Präsent sein

Sei da, wo du bist. Komm jetzt in dir an. Du findest dein Glück nicht woanders. Da, wo du bist, ist es. Du musst nicht woanders suchen, um etwas Wesentliches zu finden. Halte lieber jetzt inne, werde still. Hier und jetzt ist der Frieden, das Glück, das du immer weit entfernt suchst. Die Flamme des Glücks brennt in dir, und das bereits jetzt, nicht erst in der Zukunft, zu einem anderen Zeitpunkt oder an einem anderen Ort, nicht erst dann, wenn sich deine Lebensumstände verbessert haben.

Die äußeren Umstände sind weniger relevant, als du glaubst. Du überbewertest sie in der Regel. In einer Situation selbst liegt nie ein Problem, nur in deiner Betrachtungsweise. Häufig geht es weniger darum, die Situation zu verändern als vielmehr deine innere Haltung. Wesentlich ist weniger, was in deinem Leben geschieht, als dass du damit im Frieden bist. Du machst dich viel zu abhängig von äußeren Begebenheiten. Bist du dir deiner Vollständigkeit bewusst, werden die Geschehnisse immer unbedeutender. Immer wieder haben Menschen unter extremen saturnischen Einflüssen schwierige Umstände erfahren. Obwohl sie wirklich keinerlei Spielraum mehr hatten, weilten sie durch ihre Akzeptanz damit in Frieden. Andere sind nicht einmal unter Einflüssen von Jupiter zufrieden, der auch der Glücksbringende genannt wird. Natürlich kannst du dein Leben gestalten. Natürlich ist es notwendig, Situationen, die dir nicht gut tun oder die du aus Angst und Abhängigkeit aufrechthältst, zu verändern. Natürlich ist es manchmal sehr heilsam, einen Schlussstrich zu ziehen und neue Wege zu beschreiten. Und doch liegen deine Probleme nicht an den Umständen selbst, sondern an deiner Resonanz, deiner verstrickten und gefangenen Sichtweise. Irrtümlichweise vermutest du dein Glück immer woanders. Dabei liegt alles Glück im Dasein selbst. Verweile, weich nicht aus, bleib da. Bleib einfach da, wo du jetzt bist, und kehr zurück zum Kern deines Seins, dorthin, wo nichts als Frieden ist. Alles Glück dreht sich nur um das, was jetzt ist, um Präsenz, um unmittelbares Sein, darum, der Menschlichkeit nicht auszuweichen, sondern ihr direkt in die Augen zu schauen. Gerade die Begrenzung als Mensch in einem Körper lässt kein Ausweichen zu, fordert von dir hier und jetzt, präsent zu sein. Ihr habt aber Angst vor vollkommener Präsenz. Wenn ihr nicht flüchten könnt, fühlt ihr euch gestraft und eingeengt. Ihr empfindet das unmittelbare Erfahren bestimmter Gefühle und Situationen als Bedrohung und unterdrückt sie lieber. Wenn ihr den Spiegel unmittelbar vor die Nase gehalten bekommt, werdet ihr wütend. Ihr habt Angst, das Leben direkt zu fühlen und in seiner Vielfalt zu erfahren. Dabei passiert euch nichts. Erfahrt es einfach nur. Bleibt präsent, fühlt, was ist, und nichts geschieht.

Bleib da, wo du weichen willst. Deine Gedanken und Gefühle töten dich nicht. Halte sie einfach aus. Nur wenn du flüchtest, bleiben sie. Du wirst immer wieder mit dem konfrontiert, vor dem du ausweichen willst. Das Problem ist, dass du nicht das Geschenk, das in jeder Erfahrung liegt, erkennst. Selbst wenn du mit der Nase darauf gestoßen wirst, glaubst du noch, du wärst im Recht und wüsstest alles besser. Stell dich dem, was du nicht sehen oder nicht fühlen willst. Sei da, präsent in deinem Körper. In der Präsenz liegt ein unentdeckter Schatz. Da, wo du bist, gehst oder liegst, sei präsent. Sei ganz da, und nicht mit deinen Gedanken immer woanders. Entspanne und vertraue, dass alles wirklich immer nur zu deinem Besten ist. Selbst in dem, was du für Unglück hältst, liegt ein wahrer Schatz. Auch in der Enge, in der Dunkelheit strahlt das Licht.

Selbst dem Unerbittlichen, Unausweichlichen, nicht Manipulierbarem liegt Güte zugrunde. Es verweist dich auf den Kern, auf dein wahres Sein. Sogar in Situationen, in denen du scheinbar nichts ändern kannst, dir die Hände gebunden sind, du hilflos bist und mit dem Rücken zur Wand stehst, liegt eine unglaubliche Chance. Du wirst zur Hingabe gezwungen, dazu, dich dem Leben anzuvertrauen und die Begrenzung deines Ichs, das Gefühl von Angst und Bedrohung zu überwinden. Mache das, was du fürchtest, zu deinem Freund. Ich möchte Freundschaft hier aber richtig verstanden wissen. Denn für euch sind Freunde in der Regel Menschen, die mit euch auf einer Welle reiten und nicht unbequem sind. Aber das gilt für die Gesetzmäßigkeiten des Lebens, einschließlich meiner selbst, nicht. Wir sind oft unbequem. Das lässt sich nicht beschönigen. Das Leben unterliegt Gesetzmäßigkeiten, die unbeirrt wirken. Es ist unbestechlich und tut dir nichts zu Gefallen, streichelt nicht dein Ego. Dem macht es, ganz im Gegenteil, die Hölle heiß. Es konfrontiert dich gerade mit dem, was du nicht sehen, spüren und haben willst. Für „Freundschaftsdienste" ist es nicht zu haben. Es lehrt dich, dich nicht vom Leben abzuspalten, es ganz zu fühlen und mit allem in Frieden zu sein.

Der Sprung in ein neues Bewusstsein

Seit Tausenden von Jahren seid ihr in dem dualen Bewusstsein, dem Bewusstsein der Trennung gefangen. Damit einhergehend erfahrt ihr Schmerz und Leid. Das Bewusstsein der Trennung basiert auf Abspaltung und Vernichtung von Andersartigem, erzeugt Kämpfe und Spiele um Macht. Das Bewusstsein der Trennung hat ein Ich und ein Du aus einem einzigen Sein abgespalten. Dadurch nahmt ihr andere plötzlich als Bedrohung wahr. Euer Herz wurde eng und schrumpfte bis zur Unkenntlichkeit. Es umarmte nicht mehr alles, sondern trennte. Ihr glaubtet plötzlich an getrennte Wesen, an Menschen, die gut und schlecht, richtig und falsch sind. Ihr glaubtet, besser als andere zu sein. Ihr wart euch nicht mehr bewusst, dass hinter eurem individuellen Leben, einer individuellen Person nur ein Ursprung, dieselbe Quelle, liegt.

Im neuen Bewusstsein seid ihr euch der Einheit, der Vollkommenheit allen Seins bewusst. Ihr seid euch bewusst, dass ihr, wenn ihr einen anderen Menschen schädigt, dasselbe mit euch tut. Ihr erwacht in eine Liebe ohne Bedingungen, die über die Identifizierung getrennter Ichs hinausgeht. Dem, was ihr gestern noch verurteilt habt, begegnet ihr heute mit Mitgefühl. Die Eifersucht, die Wut, die Unehrlichkeit, die ihr einst bei anderen saht, erkennt ihr genauso als Teil eures Seins. Nur durch die Akzeptanz eurer Menschlichkeit könnt ihr euch aus euren Fesseln befreien. Nur indem ihr Güte walten lasst, findet ihr wahren Frieden. Trotzdem wird, wenn ihr euch der Einheit hinter allem bewusst seid, auch nicht alles gleich. Auf der Erscheinungsebene existieren nun einmal individuelle Leben und unterschiedliche Charaktere. Die Erkenntnis, dass jeder ein Funken der Quelle und damit die Quelle selbst ist, macht euch nicht zu einem Neutrum. Ihr seid weiterhin individuelle, einzigartige Wesen. Ihr erfahrt nur keinen Mangel mehr und fühlt euch in euch selbst geborgen. Der Glaube, dass euch etwas fehlt, endet. Du suchst nach nichts mehr, weil du erfüllt bist. Du fühlst dich vollständig. Im Bewusstsein der Einheit verspürst du keine Lust mehr, über andere zu urteilen und zu richten. Von Kindesbeinen hast du gelernt, über andere Menschen schlecht zu reden. Damit schadest du dir nur. Selbst wenn du dich kurzzeitig besser fühlst, indem du andere ab- und dich aufwertest, hilft es dir nicht wirklich. Wenn du urteilst und Schuld zuweist, ist dein Herz ohne Güte und dein strenger, unerbittlicher Verstand tobt sich aus. Um wirklich Frieden in dir zu finden und in das neue Bewusstsein zu erwachen, ist nicht dein Urteil, sondern deine Liebe gefragt. Anstatt zu urteilen, entwickle Mitgefühl mit den menschlichen Schwächen.

Manchen Menschen ist das bereits bewusst. Sie hüten ihre Zunge. Wenn du aber im Inneren trotzdem urteilst, es nur nicht aussprichst und stattdessen nett lächelst, ändert das nichts. Dein Urteil über andere sagt mehr über dich und deine Glaubenssysteme aus als über sie. Du betrachtest sie durch deine persönlich gefärbte Brille, die einzig deine Interpretation der Wirklichkeit widerspiegelt. Die Menschen und Situationen sind, wie sie sind. Alles, was du über andere denkst, ist deine Projektion, deine Wertung, nur die Geschichte, die du daraus machst. Enttarne die Enge deines Verstandes. Schau lieber, welche Glaubenssätze sich hinter deinem Urteil verbergen. Warum kannst du diesen Menschen nicht so akzeptieren, wie er ist? Verhältst du dich manchmal genauso? Lebt er Aspekte, die du dich nicht zu leben traust? Erwartest du eine Perfektion, die niemand erfüllen kann? Wie wäre es mit Güte oder zumindest mit einer neutralen Betrachtung? Dann sagst du natürlich auch nicht zu allem Ja und Amen, siehst die Dinge, wie sie sind und beschönigst sie nicht. Andere zu verurteilen und dich zu erhöhen, um in einem besseren Licht zu erscheinen, macht dich nicht besser.

Sobald du urteilst, halte inne. Sieh einfach nur die Realität, wie sie ist, ohne Hass, ohne Ärger, ohne Abwertung. Beobachte einmal, nur einen einzigen Tag, was du über dich und andere denkst. Viele deiner Urteile sind wie hässliche Grimassen. Zu urteilen ist allzu menschlich und dir so vertraut, dass du es manchmal nicht einmal bemerkst. Indem du dich künstlich aufwertest und andere abwertest, ruhst du nicht in deiner wahren Größe. Du bist dir in diesen Momenten der Einheit nicht bewusst und dir nicht bewusst, dass du genauso menschlich bist wie andere. Du versuchst nur, durch die Erniedrigung anderer an Größe zu gewinnen. Wenn du urteilst, bist du gefangen im Spiel kleiner und großer Ichs. In diesem Spiel wechselt ihr ständig die Rollen.

In einem Moment tobt sich das kleine, im nächsten Moment das große Ich aus. So erzeugt ihr unnötige Machtkämpfe. Niemandem ist damit geholfen. Die Quelle unterscheidet nicht in bessere oder schlechtere Menschen. Werde dir der Begrenzung deines Urteils bewusst. Du weißt nicht, warum Menschen sind, wie sie sind, wofür sie dir und anderen dienen. Das ist alles viel zu groß, als dass du es erfassen könntest. Dein Wohl liegt in der Akzeptanz des anderen, einer Liebe, die euch alle umfasst. Dann ist dein Herz voller Freude und Güte. Dein Herz verschließt sich, wenn du anderen Schuld zuweist und sie verurteilst. Wer bist du, zu richten, wie jemand anderes zu sein und sich zu verhalten hat? Was glaubst du, warum die Menschen so sind, wie sie sind? Das ist kein Zufall. Der Schöpfung ist bei keinem Menschen jemals ein Fehler unterlaufen. Nur dein Blickwinkel ist zu begrenzt, um die Großartigkeit des Lebens zu erkennen. Du hältst dich für den Nabel der Welt, deine Sichtweisen für die Wahrheit und bemerkst dabei nicht, dass sie reine Illusion sind und über keinerlei Substanz verfügen. Sie gründen auf nichts, außer auf deinem beschränkten Blickwinkel. Wenn du glaubst, dass die Menschen besser anders wären, unterliegst du einer Illusion. Du bist dir ihrer Vollkommenheit nicht bewusst, lebst im Bewusstsein des Mangels. Du erhebst dich, doch weißt du nichts. Werde demütig, um endlich zuzuhören. Erkenne, wie unwissend dein scheinbares Ich ist und wieviel Weisheit im Leben selbst liegt. Vielen macht die Vorstellung Angst, alle Macht der Weisheit des Größeren hinzugeben. Dabei kann erst, wenn dein Ich sich hingibt, Weisheit durch dich strahlen und dein

34

Potenzial zur vollen Entfaltung kommen. Demut und Hingabe sind für euch leider gleichbedeutend damit, sich kleinzumachen und schwach zu sein. Dabei zeugt es von Größe, das Größere anzuerkennen. Deine Stärken können sich durch Hingabe, deine Weisheit durch Demut entfalten. Erst dann kann die Quelle in vollem Glanze durch dich erstrahlen. Vorher wird sie durch die Kontrolle deines scheinbaren Ichs verschleiert. Du hast Angst, dass deine selbsternannte Wirklichkeit durch etwas Unkontrollierbares gesprengt wird. Alles, was deinen Rahmen sprengt, empfindest du als Bedrohung. Es wird abgewertet, ausgemerzt oder abgespalten. Dabei kann sich erst in der totalen Hingabe ungeahnte Freiheit offenbaren. Du lässt die ganze Schöpfung zu und begrenzt sie nicht mehr durch dein eingeschränktes Glaubenssystem, durch die Spaltung, die dein Geist betreibt. Du erkennst, dass du nichts wirklich weißt. Auch die Weisen, Philosophen und Heilige aller Zeiten wussten nicht alles. Auch sie waren nicht perfekt und über alles Menschliche erhaben. Sie waren sich nur bewusst, dass jede Meinung, jedes Urteil begrenzt ist. Sie haben sich hingegeben, hatten kein Verlangen mehr danach, alles wissen und unter Kontrolle haben zu müssen. Ihre Weisheit liegt in der Erkenntnis des Nichtwissens. Ihre Weisheit liegt in der vollkommenen Hingabe an das, was ist. Ihre Größe liegt in der Demut, in dem Verschwinden eines Ichs, das Macht und Kontrolle haben will. Ihre Weisheit liegt in dem Frieden, in der Weite ihres Geistes, ihres Herzens. Ihre Weisheit liegt in der allumfassenden Akzeptanz. Sie sind sich bewusst, dass die Wahrheit keine Form hat. Denn das Letztendliche kannst du nicht greifen und erklären, es ist immer und vergeht nie. Die Weisen aller Zeiten sind sich im Gegensatz zu euch ihres zeitlosen Seins durchgängig bewusst. Ihr habt euch so mit der Trennung, mit eurem Ich identifiziert, dass ihr eure Essenz vergessen und die Dualität für die einzige Wahrheit gehalten habt. Ihr habt vergessen, wer und was ihr wirklich seid. Dieser Schleier fällt jetzt, Schritt für Schritt. Ihr erinnert euch an ein Sein vollkommenen Friedens, an eure Essenz. Sie ist immer in und bei euch. Dieses neue Bewusstsein existiert jetzt schon. Es ist nicht wirklich neu, nur die Bewusstwerdung eures wahren Seins. Nur weil ihr seid langer Zeit in dem Bewusstsein der Trennung lebt, scheint es neu zu sein. Letztendlich ist es nur die Erinnerung an das, was ihr immer wart und sein werdet. Darüber lag nur der Schleier eurer Identifizierungen. Es war und ist immer euer aller Ursprung. Das neue Bewusstsein kommt nicht von außen. Das neue Bewusstsein ist in dir. Es beginnt mit deiner Erinnerung, mit dem Lüften des Schleiers der Trennung, mit der Erkenntnis, dass du alles bist und sich die Pole in dir auflösen. Du bist die Einheit, die beide Pole vereint. Bist du bereit, dich zu erinnern? Gib dieser Sehnsucht nach zu Hause, dieser Sehnsucht nach Einheit alles. Du lebst weiterhin in der Dualität, erstrahlst aber unberührt davon im Ewigen. Du bist in der Erde tief verwurzelt und ganz präsent. Gleichzeitig hast du einen gewissen Abstand, weil du mit den Ereignissen nicht mehr so identifiziert bist. Du erfährst das Leben intensiver, ohne dich darin zu verstricken.

Das neue Bewusstsein ist zeitlos, weder alt noch neu. Es bewegt sich jenseits von Zeit, von Vergangenheit und Zukunft.

Es bewegt sich im zeitlosen Raum der Ewigkeit und ist gleichzeitig immer jetzt. Erinnerst du dich an Momente, in denen du vom gegenwärtigen Augenblick ganz erfüllt warst und die Zeit plötzlich still stand? Wenn du vollkommen im gegenwärtigen Moment bist, verschwindet die Zeit. Dann gibt es keine Zukunft, keine Vergangenheit mehr. Du bist nur im Moment und genießt ihn. Du bist weder durch die Vergangenheit belastet, noch ersehnst du dir etwas von der Zukunft. Du bist einfach nur, und alles ist gut, wie es ist. Obwohl du in der Gegenwart lebst, planst du nach wie vor, vereinbarst Termine, erinnerst dich an Vergangenes, aber du erhoffst dir von der Zukunft nichts mehr und Vergangenes belastet dich nicht mehr. Du bist frei und glücklich im gegenwärtigen Moment. Bist du mit deiner Aufmerksamkeit vollständig im gegenwärtigen Moment, verblassen Vergangenheit und Zukunft von selbst. Meist aber seid ihr mit den Gedanken woanders. Dabei liegt alle Erfüllung im gegenwärtigen Moment. Im neuen Bewusstsein suchst du nichts mehr, bist in der Gegenwart verwurzelt. Vergangenheit und Zukunft sind nur in euren Gedanken existent. Die Vergangenheit ist nicht mehr. Und die Zukunft ist auch noch nicht. Es bleibt nur die Gegenwart. Alles andere ist Luft. Nichts, was dich in Zukunft glücklicher machen könnte. Nichts, was dich aus der Vergangenheit behindern könnte. Wenn du weder daran glaubst, dass die Zukunft dich glücklicher macht, noch dass das Vergangene dich behindert, bist du frei. Du lebst in diesem Moment. Du lässt dich auf die Ebene der Zeit ein, bist aber nicht mehr in ihr gefangen.

Erwartest du dir von der Zukunft immer noch etwas Besseres? Hast du das Gefühl, dass das, was ist, nicht ausreicht? So rennst du immer nur dem perfekten Leben hinterher und verpasst es, den Augenblick zu genießen. Du willst immer das, was du gerade nicht hast, und bekommst es doch nie. Selbst wenn du es bekommst, bemerkst du es nicht einmal. Denn du hast deine Augen schon wieder auf das nächste Objekt deiner Begierden gerichtet. Komm da an, wo du bist. Da, wo du bist, ist alle Fülle, alle Freiheit. Da, wo du bist, ist alles, was du suchst.

Ein Merkmal des neuen Bewusstseins ist auch der Geist des Friedens. Er ist von Stille getragen. Diese Stille kann sich laut oder leise, in sprudelnden Worten oder im Schweigen ausdrücken. Sie bezieht sich nicht auf den äußeren Ausdruck, sondern meint einen stillen, ruhigen Geist, der die Menschen akzeptiert und nicht mit ihnen kämpft. Dieser Frieden ist tief. Ruhst du darin, hast du keine Lust mehr zu kämpfen, weder mit dir noch mit anderen. Dieser Frieden muss nicht gemacht, nicht getan werden, er ist in dir selbst. Dieser Frieden entspringt der Gewissheit, dass die menschliche Ebene vergänglich ist und doch das Unsterbliche ist und bleibt. Dieser Friede ist der Friede des Ewigen. Ihm entspringt ein friedlicher Geist, das tiefe Wissen, dass genug Raum und Platz für alle ist. Und niemand um seinen Platz kämpfen und Mangel erleiden muss.

Auch durch die massiven äußeren Wandlungsprozesse im gesellschaftlichen wie im persönlichen Rahmen werdet ihr in das neue Bewusstsein geführt. Vieles funktioniert nicht mehr, wie ihr es gewohnt seid. Die Zusammenbrüche vertrauter

Systeme und Naturkatastrophen machen euch bewusst, dass der menschlichen Macht Grenzen gesetzt sind. Was euch früher Sicherheit gegeben hat, löst sich plötzlich in Luft auf. Ihr könnt nicht mehr im Außen nach Sicherheit suchen, sondern müsst sie jetzt in euch selbst finden. Wenn ihr an äußeren Sicherheiten festhaltet, erzeugt ihr nur unnötige Dramen. Eure emotionalen Verstrickungen und euer Widerstand führen nur zu Leid und ändern eure Situation nicht. Wenn ihr nicht leiden wollt, müsst ihr euch dem Leben hingeben. Denn wenn ihr kämpft, lauft ihr gegen Windmühlen. Lernt lieber, gelassener mit den Herausforderungen umzugehen. Anstatt zu kämpfen und mit dem Schicksal zu hadern, schaut lieber, welche Geschenke diese Herausforderungen mit sich bringen.

Das Wesentliche

Die Geschehnisse dieser Zeit sind ein Regulativ, um alles, was ausgeufert ist, wieder zum Ursprung zurückzuführen. Eure Illusionen werden enttarnt, damit ihr erkennt, was wesentlich ist. Ihr werdet gezwungen, wieder zum Kern der Dinge zurückzukehren.

Ich lehre euch die Konzentration auf's Wesentliche. Das Wesentliche ist einfach und bedarf nichts. In der Vorstellung vieler Menschen ist Reduktion gleichbedeutend mit Verlust. Das, was euch wichtig ist, verlieren zu können, beängstigt euch. Dabei liegt in dem Verlust dessen, was ihr für bedeutend erachtet, die Möglichkeit, zu wahrem Reichtum zu finden. Ihr habt materiell gesehen zwar alles – und doch habt ihr nichts. Die materiellen Dinge allein machen euch nicht glücklich, besonders dann nicht, wenn ihr euer Glück von ihnen abhängig macht. Natürlich könnt ihr in Wohlstand und nicht wie Bettler leben. Trotzdem löst euch innerlich von allem. Macht euer Glück von nichts abhängig. Obwohl sich in eurer Gesellschaft vieles um Reichtum dreht, seid ihr nicht reicher geworden. Es reicht nie. Euer innerer Mangel lässt sich durch kein Geld der Welt und auch nicht durch andere Menschen beheben. Er endet einzig in der inneren Erfüllung. Ihr seid verarmt an Wärme, an Menschlichkeit, an Kontakt. Manche von euch sind im Inneren richtig verkümmert. Selbst wenn dir Materielles genommen wird, kannst du nur gewinnen. Je mehr du dir deines wahren Seins bewusst wirst, desto reicher fühlst du dich, selbst wenn du nichts mehr besitzt. Du bist von innen erfüllt, dir deiner Vollständigkeit bewusst, es fehlt dir nichts, alles ist da. Wenn du an nichts mehr festhältst, bist du frei. Dein Blick fürs Wesentliche ist geschärft. Du findest zurück zu dir. Du besinnst dich auf die Einfachheit, darauf, in dir selbst zu Hause zu sein. Das ist das großartigste Geschenk, das du empfangen kannst, ohne es zu besitzen. Was kann dir Besseres geschehen, als wenn alles Unwesentliche verschwindet, sich deine Anhaftungen lösen und du in deine innere Freiheit erwachst? Wenn du mit Situationen konfrontiert wirst, vor denen du Angst hast, spürst du plötzlich, dass nichts geschieht, dass deine Ängste Illusionen sind. Du erfährst, dass der Stoff, aus dem deine Ängste sind, nichts als Luft und die Wirklichkeit viel gnädiger ist als deine Vorstellungen. Wenn alles wegfällt, bleibt, was du nicht besitzen und festhalten kannst, pures Dasein, eine tiefe Ruhe, ein innerer Frieden, stilles Glück.

Ihr habt nicht einmal bemerkt, wie weit ihr euch vom Wesentlichen entfernt und wie ihr aus Illusionen Götter gemacht habt! Wirklich Substanz hat nur die Essenz deines Seins, obwohl sie nicht greifbar, nicht stofflich ist. Ihr glaubt immer, etwas zu brauchen, an dem ihr euch festhalten könnt. Ihr habt Angst davor, wenn nichts mehr ist. Das Wesentliche kann aber erst dann durchstrahlen, wenn dein Blick nicht immer auf irgendetwas gerichtet ist, woran du dich klammerst. Lass dich hineinfallen in den tiefen Frieden, anstatt irgendetwas hinterherzulaufen. Das, was du für wichtig hältst, hat nicht die Bedeutung, die du ihm gibst. Wenn alles wegfällt und nichts bleibt, kommst du im Wesentlichen an. Du spürst, dass du nichts brauchst, weder Objekt noch Mensch, um erfüllt und wirklich glücklich zu sein. Frieden kehrt ein, indem du nur bist, nichts haben musst, aber alles bist. Ihr habt Angst davor, nichts zu haben, niemand zu sein. Nichts zu haben und nur zu sein, erscheint dir nur so bedrohlich, weil du vergessen hast, wie kostbar das ist. Dabei ist es das, was du so schmerzlich vermisst: einfach nur sein zu dürfen, ohne etwas leisten und jemand Bestimmtes sein zu müssen. Deine Erlösung liegt in der Einfachheit und nicht darin, dass du das, woran du dein Glück festmachst, erlangst und festhältst. Dir sitzt dabei immer die Angst im Nacken, es nicht zu bekommen. Wenn du es endlich hast, hast du Angst, es wieder zu verlieren. Damit sitzt du in der Falle. Wenn du nicht anhaftest, können dir die Dinge wirklich dienen. Dann bist du nicht mehr der Sklave deiner Wünsche und kannst mit ihnen spielen. In dieser Welt der Erscheinungen kommen und gehen Situationen und Dinge nun einmal. Du kannst sie nicht halten. Alles, was du glaubst zu besitzen, kann dir genommen werden. Schon innerhalb eines Wimpernschlags ist alles weg. Was hast du schon wirklich? Wenn du dein Glück an etwas oder jemanden bindest, bist du gefangen und nicht mehr frei. Du machst dich zum Sklaven, zum Bedürftigen. Was du nicht alles in Kauf nimmst für Geld, Liebe und Anerkennung! Du bist immer hungrig. Wenn du erfüllt aus dir selbst heraus bist, bist du reicher, als wenn du etwas zu haben scheinst. Du brauchst dich nicht verbiegen und weder dem Geld, der Liebe noch der Anerkennung hinterherrennen. Sie kommen freudig und von selbst zu dir, wenn du sie nicht mehr krampfhaft festhältst. Warte nicht auf Geld, Liebe und Anerkennung, auf irgendeinen imaginären Zeitpunkt, wo dein Leben endlich richtig ist. Öffne dich jetzt der Schönheit deines Lebens und der Liebe in dir, anstatt immer woanders zu suchen. Wenn du dich verloren hast, fühlst du dich sogar dann noch ungeliebt, wenn du mit Liebe überschüttet wirst, und arm, wenn du über ausreichend Geld verfügst. Wenn du dir der Quelle deines Seins bewusst bist, kannst du dich äußerer Annehmlichkeiten erfreuen, aber genauso auch in Einfachheit leben. Auch ohne offensichtliche Liebesbekundungen fühlst du dich vom Dasein geliebt und erfährst unabhängig von den äußeren Begebenheiten Glückseligkeit als dein Sein. Es ist unbedeutend, ob du asketisch lebst oder große Reichtümer besitzt. Für die Vollständigkeit deines Seins ist das unbedeutend. Trotzdem kannst du für eine schöne Umgebung sorgen, Geld haben, vielleicht lieber in einem Haus als auf der Straße leben und dich der Fahrt in deinem Porsche erfreuen. Nur haftest du nicht mehr an. Der Verlust von dem, was du zu haben scheinst, macht dir keine Sorgen mehr, weil du nichts mehr zu verlieren hast. Wenn du im Inneren erfüllt bist, mangelt es dir an nichts, weil in deinem Bewusstsein kein Mangel herrscht. Je mehr von dir abfällt, desto mehr erblühst du von innen. Denn die Reduktion, die Besinnung aufs Wesentliche, ist nicht gleichbedeutend mit Mangel. Mangel ist immer nur eine Frage des Bewusstseins. Du kannst alles haben und trotzdem immer noch Mangel empfinden. Du kannst nichts haben und erlebst die Fülle des Seins. Insofern ist die Reduktion, die Konzentration aufs Wesentliche, reine Gnade. Sie lässt dich zur Quelle der Glückseligkeit zurückkehren.

Also lüfte den Schleier: Frage dich, was in deinem Leben wirklich wichtig ist. Wem oder was rennst du hinterher? Was glaubst du zu brauchen? Wo hängst du dich an Besitz und falsche Sicherheiten? Wo glaubst du etwas Bestimmtes darstellen zu müssen? An was bindest du deine Vorstellung von Glück und Reichtum? Was, wenn alles wegfällt – wenn nichts bleibt und du einfach nur bist? Was, wenn dein wahres Sein nichts bedarf? Du kannst es nicht verlieren wie Besitz oder ein Image. Verlieren kannst du nur Vergängliches. Verlieren kannst du nur Illusionen. Gewinnen kannst du das, was bleibt, wenn nichts mehr ist: Stille, Frieden, Dasein. Gewinnen kannst du das, was wesentlich, ewig, nicht greifbar, jenseits von Worten ist – tiefen Frieden. Du bist im Unendlichen geborgen. Wenn alles wegfällt, geschieht nichts. Du befürchtest nur, dass das schrecklich sein muss. Wenn du dich aber nicht dagegen wehrst, spürst du, dass dich der Urgrund des Seins immer trägt. Sei bereit, in Frage zu stellen, ob du alles, was du zu brauchen glaubst, wirklich brauchst? Trotzdem liebst du die Menschen, kannst du den Kontakt zu ihnen genießen, dich durch sie bereichert fühlen. Nur brauchst du sie nicht mehr, um dich erfüllt und geliebt zu fühlen. Du musst nichts festhalten. Du musst nichts mehr hinterherrennen. Alles ist da. Nutze die Zeit deines

Lebens. Erinnere dich an den Frieden, einfach nur da zu sein, zu atmen und zu leben.

Realität und Illusion

Was ist Realität, was Illusion? Ihr betrachtet die Welt durch einen individuellen und durch einen kollektiv geprägten Filter. Ihr haltet Dinge für wahr und gegeben, die jeglicher Grundlage entbehren. Was Menschen vor Hunderten von Jahren für wahr hielten, ist heute nicht mehr der Rede wert. Genauso wie die Menschen damals glaubt ihr, dass das, was ihr für real haltet, die einzige Wahrheit ist. Weder was die Menschen früher noch was ihr heute als Realität betrachtet, ist die einzige absolute Wahrheit. Es ist immer nur eine vorübergehende, relative Wahrheit, ein kollektives Glaubenssystem, auf das ihr euch geeinigt habt. Auch wenn ihr alle an dasselbe glaubt, heißt es noch lange nicht, dass es der Wahrheit entspricht. Wie kann es die einzige Wahrheit sein, wenn selbst innerhalb dieses kollektiven Rahmens die Realität von verschiedenen Menschen unterschiedlich bewertet und interpretiert wird? Nehmen wir zum Beispiel einen Menschen und eine Katze. Ein Mensch, der Katzen liebt, erfreut sich an dieser; während jemand, der Angst vor Katzen hat, eine Bedrohung in ihr sieht. Es ist und bleibt in beiden Fällen nur ein Mensch und eine Katze. Der Rest ist eure Interpretation der Wirklichkeit, euer Filter. Manche Menschen empfinden eine Situation als Katastrophe, während andere mit derselben Situation ganz entspannt sind. Das, was ist, ist immer neutral. Jeder bastelt sich drum herum nur seine eigene Geschichte. Euer ganzes Leben besteht aus Interpretationen. Menschen mit ähnlichen Glaubenssystemen ziehen sich durch das Gesetz der Anziehung an und bestätigen sich in ihren Sichtweisen. Dadurch bestärken sie sich in dem Gefühl, wie sie die Welt und die Menschen sehen, sei sie wirklich. Sie gehen davon aus, dass, wenn andere dasselbe glauben wie sie, es die Wahrheit sein muss.

Dass ihr aus euren Erfahrungen eine Geschichte bastelt, eingebettet in eine Reihe von meist negativen Interpretationen, bereitet euch große Probleme. Es fällt euch schwer, eine Erfahrung einfach nur eine Erfahrung sein zu lassen. Aus einer kurzen, einmaligen Erfahrung konstruiert euer Verstand übergreifende Regeln und eine Interpretation. Diese Interpretation stülpt ihr dann einer neuen Situation, in der etwas Vergleichbares geschieht, über. Es ist aber in dem Moment eine neue Erfahrung, auch wenn sie der alten ähnelt, und es kann angemessen sein, dich diesmal ganz anders zu verhalten.

Verschließ dich nicht vor dem neuen Moment. Erfahre ihn unvoreingenommen. Lass dich von ihm berühren. Der Verstand versucht immer, Regeln aufzustellen. Das ist selten hilfreich und engt dich unnötig ein. Willst du dich an deinen Meinungen und Konzepten festhalten, um gewappnet zu sein? Aber wovor willst du dich wappnen? Vor neuen Erfahrungen? Davor, die Weite der Welt zuzulassen und offen zu sein?

Diese Tendenz, aus einer einzigen Erfahrung eine Überzeugung zu formen, die du dein ganzes Leben mit dir herumträgst, hält dich gefangen. Traumatische Erlebnisse und

Erfahrungen, in denen du dich gedemütigt gefühlt und Angst gehabt hast, prägen dich heute noch, obwohl sie schon lange der Vergangenheit angehören. Selbst wenn du eine neue „positive" Erfahrung machst, registrierst du das nicht. Tage, Jahre deines Lebens ziehen ins Land, und diese alte Erfahrung wirkt machtvoll weiter. Schau dir die Probleme, die Hindernisse deines Lebens genau an. Was denkst du darüber? Wie sehen deine alten Prägungen aus? Wenn du eine Erfahrung als schlecht empfindest, schaue einmal, was das Gute daran ist. Welche Geschenke könnte diese Situation beinhalten? Deinen Negativ-Interpretationen stehen genauso viele positive Aspekte gegenüber. Dann stellt sich die Frage: Was ist wirklich wahr? Positiv oder negativ? Wie ist es wirklich? In Wahrheit bewegt es sich jenseits von positiv und negativ, von gut und böse. In Wahrheit ist es einfach nur jenseits von richtig und falsch, von Geschenk oder Bestrafung. Es ist nur das, was es ist, ohne dass es bezeichnet, zugeordnet und bewertet werden müsste.

Du kannst deine alten Muster und Glaubenssätze auflösen, indem du sie erforschst und aus einem erweiterten Blickwinkel anschaust. Bei jedem Problem ist es hilfreich, dich aus den Identifizierungen und Interpretationen zu lösen. Jede Sichtweise scheint ihre Berechtigung zu haben, und doch ist keine einzig wahr. Letztendlich bleibt nichts. Wenn du glaubst, die einzig richtige Sichtweise zu haben, liegst du „falsch". Es gibt keine richtige Sichtweise und auch keine falsche. Wenn du eine fixe Meinung über die Dinge hast und glaubst, recht zu haben, bist du gefangen. Wenn du die Relativität deiner Meinung erkennst, bist du frei. Du musst nichts mehr schützen, nichts verteidigen oder recht haben. Natürlich kannst du trotzdem eine klare Meinung vertreten und Position beziehen. Nur im Bewusstsein der Relativität aller Dinge bist du dabei innerlich offen und ruhst in dir, obwohl du klar und hart in der Sache sein kannst. Du beziehst einen Standpunkt, vertrittst eine Meinung. Die emotionale und geistige Enge schwindet, wenn du um die Verhältnismäßigkeit der Dinge weißt. Das ist aber nicht gleichbedeutend damit, schwammig und nicht greifbar zu sein. Nur die emotionale Anhaftung, das Verteidigen-müssen der Sichtweise entfällt. Gelassenheit entsteht, wenn du nichts mehr verteidigen und schützen musst. Alles, was du verteidigen musst, wie deinen Stolz, deine Macht, ist eine Illusion. Du musst das, was du bist, nicht verteidigen. Trotzdem kannst du „nein" sagen und dich bestimmten Situationen nicht aussetzen. Das eine hat mit dem anderen nichts zu tun. Du kannst in jedem Moment dein altes Bild von dir und deinem Leben korrigieren, anstatt weiter daran festzuhalten. Alte Erfahrungen lassen dich heute nur leiden, wenn du keinen Frieden mit ihnen geschlossen hast und an deinem beschränkten Blickwinkel festhältst. Wenn du genau hinschaust, tragen selbst die schmerzhaftesten Erfahrungen Geschenke in sich. Du bist erst dann frei, wenn du sie annimmst und nicht mehr im Widerstand verharrst. Viele Menschen tragen noch aus Kindheitstagen das Gefühl mit sich, nicht angenommen, nicht ausreichend geliebt, nicht gut genug zu sein. Noch heute spürt ihr diese Wunde und könnt nicht wahrnehmen, dass in jedem Moment neu die Unendlichkeit der Liebe wirkt. Ihr seid so davon geprägt, nicht ausreichend geliebt und nicht richtig zu sein, dass ihr die Liebe selbst zurückweist. Ihr betrachtet die Welt noch immer durch die Brille dieser alten Erfahrungen. Ihr habt nicht gelernt, Abstand zu nehmen, die Brille abzunehmen und diesem neuen Moment eine neue Chance zu geben. Menschen können euch voller Liebe, Achtung und Anerkennung begegnen und ihr versteht das gemäß der alten Prägung, sogar manchmal als Angriff oder interpretiert es fehl. Ihr könnt die Liebe oft weder wahr- noch annehmen und habt euren Blick stattdessen auf Menschen und Situationen gerichtet, von denen ihr das, was ihr euch wünscht, nicht bekommt. Ihr könntet andere Erfahrungen machen. Nur wollt ihr das nicht wirklich. Ihr weist die Liebe selbst zurück. Ihr lasst euch lieber wieder wie ein Magnet von Situationen und Menschen anziehen, in denen ihr euren alten Schmerz bestätigt seht.

Wenn du immer wieder schmerzhafte Erfahrungen anziehst, liegt das nicht an einem schlechten Schicksal, sondern an der Lust zu leiden und daran, keine Verantwortung für dein Wohlergehen zu übernehmen. Es ist wie ein Zwang, diese Muster zu wiederholen. Deswegen halte immer wieder inne und frage dich, ob du das wirklich willst. Welche alten schmerzhaften Muster wiederholst du? Gibst du einer neuen Erfahrung keine Chance? Sorgst du nicht gut für dich? Überprüfe besonders, ob diese schmerzhaften Erfahrungen nur die Fortführung deiner alten Glaubenssätze sind, die geprägt sind von Erlebnissen, die vielleicht Jahrzehnte zurückliegen. Vielleicht war es deine Mutter, die dir nicht die Liebe entgegengebracht hat, die du dir gewünscht hättest, und du warst fixiert darauf, sie von ihr zu bekommen. Aber heute bist du kein Kind mehr. Was ist mit all den Menschen, die dich im Laufe deines Lebens und jetzt achten, denen du kein Gewicht gibst, weil du immer noch auf die Liebe und Anerkennung eines einzigen Menschen wartest? Was ist heute? Was ist mit der Liebe, die im „da sein" selbst liegt, in der Luft, die du einatmest? Bist du bereit für neue Erfahrungen? Bist du bereit, einen neuen Raum zu betreten? Bist du bereit, das, was du über dich und die Welt glaubst, zu hinterfragen? Bist du bereit, das, was du als Beschränkung, als Problem siehst, genauer zu erforschen? Hast du genug von dem Schmerz und dem Mangelgefühl? Möchtest du dich daraus befreien? Bist du bereit für die Auflösung? Dann möchte ich dir helfen. Zunächst mag es unverschämt und provokant klingen, wenn ich dir sage: Du willst den Schmerz. Er vermittelt dir, obwohl du ihn verabscheust und dir nichts sehnlicher wünschst, als dass er verschwinden möge, ein Gefühl von Sicherheit. Ein Teil in dir will lieber leiden als frei sein. Zu leiden ist dir vertrauter, als frei zu sein. Du selbst hältst an dem Schmerz fest. Die Liebe ist immer da. Sie ist unendlich. Du willst sie nicht, glaubst aber felsenfest daran, dass sie dir vorenthalten würde. Du hast Angst, dich in der Liebe aufzulösen und ins Nichts zu fallen. An der Oberfläche glaubst du zwar, frei sein zu wollen, in der Tiefe willst du es aber nicht. Da regiert die Angst. Diese wahr- und anzunehmen, ist wichtig und diese alten Erfahrungen und den damit verbundenen Schmerz nicht mehr künstlich zu nähren. Wie selbstverständlich lässt du zu, dass es sich wiederholt. Wenn du die Nase voll hast, immer wieder diese alten Erfahrungen zu nähren, mache endlich einen Punkt. Gib einer neuen Erfahrung eine Chance, ohne ihr deine alten Geschichten aufzudrücken. Lass die Erfahrungen und Gefühle zu, spalte sie nicht ab, lass ihnen ihren natürlichen Fluss. Wenn ihr manche Gefühle nicht fühlen wollt und sie unterdrückt, speichert ihr sie in eurem Körper. Ihr unterbrecht ihren natürlichen Fluss. Wenn ihr die scheinbar unangenehmen Erfahrungen und Gefühle nicht kontrolliert, sie vorbehaltlos in ihrer eigenen Intensität und Dauer erfahrt, bleibt nichts. Nur wenn ihr ein Drama aus ihnen macht oder sie verleugnet, haltet ihr sie am Leben. Es ist auch nicht klug, Gefühle zu unterdrücken, die von selbst fließen, oder mehr aus ihnen zu machen, als sie sind.

Der Punkt in eurer schriftlichen Sprache ist eine wundervolle Erfindung, um etwas zu beenden. Macht öfter mal einen Punkt hinter eure Erfahrungen, ohne diese anschließend zu beurteilen. Ihr spinnt ganze Geschichten um einzelne Erfahrungen, wie in einem Märchen. Ihr bemerkt das meist nicht, weil es euch vertraut ist und real erscheint.

Lass dich vom Leben berühren, anstatt es in deine Konzepte zu pressen. Halte nicht künstlich an deinen Konzepten fest, als wäre es die Wahrheit und die Neuigkeit von heute. Dieser Moment ist frei. Du kannst ihn vollkommen neu erfahren. Du kannst in dieser Zeit karmische Strukturen, alte Glaubens-, Mangel- und Leidensmuster beenden, wenn du sie nicht absichtlich nährst. Erfahre das Leben, deine Gefühle unbedarft wie ein Kind. Euch ist in vielem die natürliche Einfachheit verlorengegangen. Sie ist kostbar. Vieles, was ihr gelernt habt und denkt, hilft euch nicht wirklich. Ihr reagiert umständlich, seid geprägt von unnötigen Sorgen und komplexen Gedankenkonstruktionen. Spüre lieber den Boden unter deinen Füßen, als ständig in Gedanken zu versinken und das Leben komplizierter zu machen, als es ist. Vieles ist einfacher, als du denkst. Vertraue einfach deinen Gefühlen, sei in Frieden mit dir und deinem Leben – und vor allem dankbar für die kleinen, alltäglichen Dinge. Damit eröffnet sich dir das Glück von selbst. Zufrieden und glücklich leben zu können, liegt im Blick fürs Wesentliche, in Dankbarkeit und Einfachheit begründet und darin, dich nicht in Illusionen und Rechthabereien zu verstricken.

Was ihr für wahr haltet, ist nur eine Geschichte, die wie im Kino aus Bildern und Interpretationen zusammengesetzt ist. Genauso ist jedes Bild von euch und anderen eine Illusion. Eure Interpretation von Menschen und Situationen ist nur wie ein Film, den ihr auf einer Leinwand betrachtet. Im Kino seid ihr euch bewusst, dass ihr euch einen Film anschaut und nichts davon wahr ist. Auch wenn ihr für Momente in die Realität des Filmes eintaucht, bleibt es nur ein Film. Dasselbe gilt aber auch für euer Leben, für eure Erfahrungen. Seid ihr euch dessen bewusst, nehmt ihr die Geschehnisse eures Lebens nicht mehr so ernst, dass sie euch zum Problem werden können. Ihr nehmt sie zwar ernst, aber nicht zu ernst und spürt, dass sie eurem Glück nichts anhaben können. Ihr bekommt einen gesunden Abstand zu den Dingen, wenn ihr sie nicht zu ernst nehmt und euch nicht mit ihnen identifiziert. Allerdings nehmen manche Menschen vieles nicht ernst genug, übernehmen keine Verantwortung, sind halbherzig und schwammig. Die Geschehnisse,

Gefühle und Interpretationen nicht zu ernst zu nehmen und über eine innere Gelassenheit zu verfügen, bedeutet nicht, sich dem Leben und der Verantwortung zu entziehen. – Es bedeutet einzig, die Dinge nicht so überzubewerten, als hänge euer Leben davon ab. Natürlich haben verschiedene Situationen und Erfahrungen unterschiedliche Auswirkungen. Ihr könnt nicht leugnen, dass manche Erfahrungen angenehmer sind als andere. Sie haben aber nicht die Bedeutung für euer Leben, die ihr in ihnen vermutet.

Die Dinge nicht so ernst zu nehmen, als hänge dein Glück davon ab, schließt nicht aus, mit ganzer Kraft und mit vollem Engagement zu handeln.

Ich möchte euch bewusst machen, dass eure Realität nicht fix und nur das Produkt eurer Wahrnehmung und eurer Erklärungen ist. Alles ist nicht so absolut und ernst, wie ihr es in manchen Momenten empfindet. Letztendlich bleibt nichts, ohne Worte, nur das, was zeitlos, unsterblich, ewig ist. Auch ich kann euch keine Richtlinie vorgeben. Meine Worte spiegeln nicht die absolute Wahrheit wider. Sie deuten nur auf sie hin.

Wenn du aus meinen Anregungen einen richtigen oder falschen Weg zu erkennen glaubst, hast du mich missverstanden. Das *Eine Bewusstsein* hat keinen Gegenpol. Es schließt alles ein, umfasst alles. Ich spreche aus dem Bewusstsein des Einen, einer Art Nullraum, in dem das Eine wie das Andere willkommen ist. Hier verschmelzen die Gegensätze zu einem einzigen Sein. Ich vertrete keine Seite. Nur das duale Denken trennt und spaltet. Deswegen erscheint dir vielleicht manches, was ich sage, schwer verständlich oder so, als würde ich mir widersprechen. In diesen Momenten bewegen wir uns auf unterschiedlichen Ebenen des Bewusstseins. Rational und mit dem dualen Denken kannst du das Eine Bewusstsein nicht erfassen. Aus dem dualen Blickwinkel betrachtet, mag dir manches komisch erscheinen. So können auch die, die sehr im dualen Bewusstsein verankert sind, oftmals Menschen, die überwiegend im Bewusstsein des Einen leben, nicht verstehen. Sie können nicht hinter den Schleier schauen und die Bewusstheit der anderen erfassen. Manchmal halten sie sie sogar für dumm und stellen sich aus Unwissenheit über sie. Aber wenn du im Einen Bewusstsein ruhst, interessiert es dich nicht, ob sie deine wahre Größe erkennen. Die Bewertung der anderen spielt keine Rolle mehr für dich, weil du glücklich bist.

Die Lebensgesetze

Das Erdenleben unterliegt natürlichen Gesetzmäßigkeiten. Doch diese erschließen sich den meisten Menschen während ihres gesamten Lebens nicht. Viele haben die natürlichen Gesetze für ein glückliches Leben bis heute noch nicht erkannt, weil ihnen dazu die Demut fehlt. Ihr wollt den Gesetzen der Erde, der Materie nicht folgen. Ihr versucht immer, der Wirklichkeit eure Vorstellungen und Erwartungen aufzuzwingen. Doch die natürlichen Gesetzmäßigkeiten beugen sich nicht euren Vorstellungen. Sie zu akzeptieren, ist ein zentraler Schlüssel zu einem friedlichen, erfüllten Leben. Es beginnt damit, dass du dich dem Größeren öffnest. Lass dich führen. Das Leben selbst, mit all den Erfahrungen, ist der weiseste Lehrer, den du je hattest. Was, wenn du dich diesem weisen Lehrer anvertraust und dich zu seinem Schüler machst? Schau dir die Menschen an, seid ihr alle erfüllt – seid ihr alle glücklich? Ist in euch Frieden? Euer kollektives Bewusstsein hat sich weit von einem friedvollen und erfüllten Leben entfernt. Was ihr über das Leben und übers Glück zu wissen glaubt, ist offensichtlich nicht der Weisheit letzter Schluss. Willst du wirklich glücklich sein, musst du dich vom Leben und seinen Gesetzmäßigkeiten führen lassen. Sei bereit, ihm zuzuhören und von ihm zu lernen.

Wenn du wirklich zu dir selbst, zu deiner wahren Natur zurückkehren möchtest, kannst du sehr viel von der Natur lernen. Du brauchst nicht unbedingt einen menschlichen Lehrer, um die Gesetzmäßigkeiten des Lebens zu begreifen. Du kannst sie mit einem offenen Geist selbst erforschen. Du kannst auch Bücher über die Lebensgesetze lesen, das hilft dir aber nichts, wenn du sie nicht erfährst und verinnerlichst. Das kann dich niemand lehren. Dazu musst du dich einlassen und zum Schüler des Lebens werden. Denn du kannst die Gesetzmäßigkeiten des Lebens nicht mit dem Kopf erfassen. Jede Zelle deines Seins muss das erleben, verinnerlichen, unabhängig von Theorien und Konzepten.

Weisheit und Bewusstheit wird in eurer Gesellschaft wenig Bedeutung beigemessen. Sie gelten nicht als wichtigstes Kriterium, um Menschen und Länder führen zu dürfen. Nur wenige Kulturen wählen ihre Oberhäupter noch danach aus, dass sie die Gesetze des Lebens in der Tiefe verstanden und verwirklicht haben. Euer Lebensglück, glaubt ihr, sei mit Macht, Reichtum und Anerkennung verbunden. Weisheit und Bewusstheit erscheinen hingegen wenig attraktiv. Ihr unterschätzt, wieviel Kraft und Macht in der Liebe liegt. Nichts ist so mächtig wie die Liebe. Ihr habt nicht in aller Konsequenz erkannt, dass einzig in euch zu ruhen und mit den natürlichen Gesetzmäßigkeiten zu fließen, wahre Erfüllung bringt. Das schließt zwar Wohlstand nicht aus, aber entgegen euren Vorstellungen hängt euer Lebensglück nicht davon ab.

Dass eure Gesellschaft nicht von Weisen regiert wird, ist in jedem Einzelnen von euch begründet. Solange ihr alle

Macht, Anerkennung und Geld, die Attribute eurer Konsumgesellschaft, höher als Liebe und Weisheit bewertet, wird sich daran nichts ändern. Solange ihr die Kriege in euch selbst nicht beendet, dem Frieden in euren Beziehungen, Gefühlen und Gedanken nicht absolute Priorität gebt, braucht ihr nicht über die Politiker zu schimpfen. Ihr seid selbst nicht besser. Sie sind nur euer Spiegel. Wenn ihr eine bessere Welt wollt, fangt bei euch an, anstatt andere dafür verantwortlich zu machen. Ihr habt alle keinen Heiligenschein. Wenn du wirklich glücklich sein willst, ist es ratsam, deine wahre Natur zu erkennen und das Leben und seine Gesetzmäßigkeiten zu erforschen.

Eine Gesetzmäßigkeit auf Erden ist die Dualität. Alles hat seinen Gegenpol. Gemäß eurer Bewertung bevorzugt ihr meist einen Pol. So erscheint den meisten von euch Gelassenheit erstrebenswerter als Ungeduld. Geduld zu haben und gelassen zu sein, ist ohne Zweifel ein großer Segen. In manchen Situationen ist es aber angemessen, ungeduldig zu sein und es wirklich wissen zu wollen. Da in eurer Gesellschaft immer alles schnell gehen muss und ihr in ständiger Eile und getrieben seid, kann euch natürlich mehr Geduld nicht schaden. Grundsätzlich ist Geduld aber nicht besser oder erstrebenswerter als Ungeduld. Die Akzeptanz beider Aspekte schließt den Kreis und führt zur Einheit. Dasselbe gilt für Traurigkeit und Freude. Freude macht euch entgegen eures Glaubens nicht glücklicher als Traurigkeit. Es sind einfach nur unterschiedliche Erfahrungen. Selbst in der Traurigkeit liegt kein Leiden, kein Drama. Du leidest nur, wenn du Widerstand leistet, wenn du mit der Traurigkeit kämpfst. Wenn

Traurigkeit einfach nur fließt, ohne dass du eine Meinung darüber hast, dass sie schlecht ist, weinst du, Tränen laufen über deine Wangen, doch gleichzeitig fühlst du dich in der Traurigkeit geborgen. Vielleicht hast du schon erfahren, dass das Weinen an sich kein Leiden verursacht. Der Körper zeigt einfach diese Reaktionen. Genauso verhält es sich mit euren Ängsten und Gefühlen. Sie bringen euch nicht um, selbst wenn ihr das manchmal befürchtet. Wenn ihr über die für euch negativ besetzten Emotionen und Erfahrungen keine Meinung habt, werdet ihr verwundert sein, wie bedeutungslos sie sind. Ich möchte euch besonders auf die Gefühle und Erfahrungen aufmerksam machen, die ihr gerne ausmerzen wollt. Denn über sie stolpert ihr. Begegnet ihnen zur Abwechslung mal mit einer gewissen Neugierde, mit Wohlwollen, anstatt wie gewohnt mit Abwehr. Leiden erzeugst du nur durch deine Bewertung, indem du das eine als schlechter als das andere befindest. Untersuche, was du für schlecht hältst. In und hinter dem, was du als negativ bewertest, wirkt nur dasselbe wie in dem, was offensichtlich leuchtet und strahlt. Dein Leiden wird nur durch deine Abwehr und deine Angst erzeugt. In dem Moment hast du einen gespaltenen, dual gefangen Blick auf die Welt, den dir vielleicht Millionen von Menschen bestätigen würden, was aber nicht heißt, dass er deswegen wahr ist. Nicht umsonst leidet der überwiegende Teil der Menschheit. Denn ihr seid euch einfach nicht eurer Essenz und der Illusion von Leid bewusst. Zu leiden scheint für euch normal zu sein. Ihr glaubt, so viele gute Gründe dafür zu haben: den Tod eines Menschen, materielle Verluste, Angst, mangelndes Glück, allein, ohne

Partner zu leben oder wenig Geld zu haben. Sogar belanglose Kleinigkeiten lassen euch leiden.

Inmitten deiner Blockaden, Ängste und Schmerzen findest du tiefen Frieden, wenn du dich ins Größere fallen lässt.

In keiner Erfahrung liegt wirklich Unglück. Wenn du ja sagst, bleibt nichts als Frieden. Betrachte die Situationen, in denen du Widerstand leistest, genauer. Weißt du wirklich, dass diese Erfahrung schlecht für dich ist? Selbst wenn du nach wie vor davon überzeugt bist, macht dein Widerstand die Situation nicht besser und sie geschieht sowieso. Dein Kampf damit heizt das Drama an. Du kannst die Dualität nicht enthebeln. Sie ist eine Gesetzmäßigkeit auf Erden. Das gilt es zu akzeptieren. Ihr könnt nicht die Sonne immer scheinen lassen und den Regen eliminieren. Die Natur wirkt in einer solchen Vollkommenheit, dass ihr euch lieber vor ihr verneigen solltet. Dasselbe gilt für deine wahre Natur. Die Schöpfung erschuf dich genauso wie die Natur in absoluter Vollkommenheit. Wo besser als in der Natur kannst du erkennen, wie wichtig alles ist, Licht und Schatten, Wärme und Kälte. Genausowenig wie ihr die Gesetzmäßigkeiten der Natur verändern könnt, könnt ihr das mit euren Gefühlen und Erfahrungen, den menschlichen Gesetzmäßigkeiten, denen ihr unterliegt.

Ihr seid euch nicht bewusst, dass jeder Erfahrung, jeder Sekunde Vollkommenheit zugrunde liegt. Nichts ist umsonst, nichts unterliegt einem Fehler. Ihr stellt das Leben ständig in Frage und seid nie zufrieden. Stell zur Abwechslung mal nicht dich und andere in Frage, sondern deine Meinungen, Erwartungen und Vorstellungen über euch. Du bist okay, genauso wie die Sonne und der Regen. An sich ist es absurd, euch als okay zu befinden. Denn das steht nicht zur Debatte. – Du bist, wie du bist. Das ist einfach so. Es ist nicht persönlich. Wenn du den Gedanken von Trennung und Abspaltung keinen Glauben mehr schenkst, kannst du in dem stillen Frieden der Einheit ruhen. Lass beide Seiten zu, trenne nicht. Sie können nebeneinander bestehen, ermöglichen die Erfahrung der Vielfalt und bereichern dich.

Nun zu einer weiteren wichtigen Gesetzmäßigkeit: Alles ist Liebe. Liebe ist dein Sein. Du bist geliebt, nur weil du bist. Ihr glaubt, Liebe müsse sich hart erkämpft werden, könne gegeben und wieder genommen werden. Ihr glaubt, Liebe sei persönlich und dass andere dafür verantwortlich sind, dass ihr euch geliebt fühlt. Dabei ist Liebe unabhängig. Sie wird nicht von der Zuwendung oder Abwendung anderer Menschen berührt. Liebe und Nicht-Liebe gibt es nicht. Liebe und Hass existieren nur im dualen Bewusstsein. Die Liebe, von der ich spreche, kennt kein Gegenteil. Sie kennt die Frage nicht, ob du geliebt bist oder nicht. Geliebt oder nicht, spielt in dem Einen Bewusstsein keine Rolle, weil es kein Gegenteil, keine mangelnde Liebe gibt. Im Einen Bewusstsein bist du einfach nur, und das ist alles. Da musst du dir deinen Wert auch nicht erkämpfen. Im dualen Bewusstsein dreht sich dagegen alles darum, erfolgreich, großartig, richtig und geliebt zu sein. Euch ist die innere Gewissheit abhanden gekommen, so, wie ihr seid, gewollt und goldrichtig zu sein. Ihr seid in der Tiefe so verunsichert, dass ihr glaubt, nur auf eine bestimmte Art und Weise akzeptiert zu werden. Ihr versucht immer, wer zu sein. Dabei ist allein euer Dasein reine Freude. Alle deine Anstrengungen, richtig, geliebt und jemand zu sein, sind überflüssig.

Alles ist Teil der vollkommenen Schöpfung. Das ist eine weitere Gesetzmäßigkeit: Warum sollte dann mit dir etwas nicht stimmen, wenn du der vollkommenen Schöpfung entspringst? Egal wer und wie du bist, du bist willkommen. Ein Baum ist ein Baum. Warum sollte er anders sein? Dasselbe gilt für dich. Warum solltest du anders sein, als du bist? Du bist Mensch und damit menschlich bis zum letzten Atemzug. Egal wie sehr du dich anstrengst, du machst aus dir nicht wirklich etwas anderes. Warum solltest du auch? Erkenne die Schöpfung an und achte, wie sie sich durch dich und andere ausdrückt. Das ist kein Zufall. Setze dich nicht über sie hinweg. Du kannst dir viel Ärger ersparen, wenn du einfach nur die Vollkommenheit der Schöpfung anerkennst. Das Leben und seine Gesetzmäßigkeiten sind viel einfacher, als ihr denkt.

Damit kommen wir auch schon zur nächsten Gesetzmäßigkeit: Einfachheit. Der Kern aller Dinge ist einfach. Leider erweist ihr vielen Dingen erst den nötigen Respekt, wenn sie kompliziert sind. Die meisten Probleme eurer Zeit liegen darin begründet, dass ihr kleinste Kleinigkeiten verkompliziert habt und äußerst kompliziert denkt und handelt. Wenn du ein Problem hast, egal welcher Art, achte auf das Naheliegende. Du musst nicht wissen, wo es hingeht. Du musst deinen Weg, dein Ziel nicht immer kennen. Mache nur den nächsten Schritt. Deine Erfüllung liegt in jedem Schritt. Verweile und lebe einfach. Dein Leben ist leichter, wenn du es einfach und überschaubar hältst. Lass dir Raum und Zeit, den gegenwärtigen Augenblick zu genießen. Das Leben erscheint euch nur schwierig und kompliziert, weil ihr die Verbindung zur Einfachheit, zu euren natürlichen Gefühlen und Bedürfnissen verloren habt. Ihr reagiert nicht mehr unbefangen und unmittelbar. Ihr handelt anders, als ihr fühlt. Damit wird vieles kompliziert. Euer Verstand unterzieht jede Handlung einer Prüfung. Ihr übergeht eure ursprünglichen Gefühle, nur um euren Anspruch zu erfüllen, stark, attraktiv, anerkannt zu sein und euch vor allem keine Blöße zu geben. Selten reagiert ihr noch ungefiltert. Ihr richtet euch lieber danach, was andere über euch denken und wie sie auf euch reagieren könnten. Dabei könnt ihr nicht wirklich wissen, was sie denken und wie sie reagieren. Davon abgesehen ist das völlig unbedeutend und nur ein weiterer Faktor, um euch das Leben schwer zu machen. Ihr übergeht dabei die Weisheit, die in euren ganz natürlichen Impulsen liegt. Die ewige Manipulation, die ihr an euch und euren Gefühlen vornehmt, macht euer Leben kompliziert. Der strenge, unerbittliche Richter in euch nimmt eure Gefühle sofort unter die Lupe und bewertet sie. Ihr fühlt etwas, verdreht es, um bei euch und beim anderen Gefallen zu finden. Eure Reaktionen sind dermaßen verfälscht. Was von eurem Bewertungssystem nicht akzeptiert wird, darf einfach nicht sein. Dabei sind diese ursprünglichen Impulse viel angemessener und weiser als alles, was ihr für erstrebenswert haltet. Welcher Segen läge darin, wenn ihr einfach nur einmal auf euren Instinkt hörtet und auf eure Verkomplizierungen verzichtet! Lasst die Natürlichkeit eures Ausdrucks, absichtslos und unverfälscht, zu, nicht wissend, was geschieht. Kehrt zurück zu der Unschuld reinen Seins. Diese könnt ihr manchmal noch bei Kindern beobachten. Sie selektieren nicht, sind noch nicht durchsozialisiert – wissen nicht, wie sie sich benehmen sollen, sprechen einfach nur die Wahrheit aus, ohne die Angst vor Konsequenzen. Selbst bei Kindern ist aber diese natürliche Unschuld keine Selbstverständlichkeit mehr. Viele Kinder denken schon sehr viel, haben diese Einfachheit verloren. Sie fürchten sich schon vor den Reaktionen anderer.

Hänge diese lebensfeindliche Dressur an den Nagel. Verbiege dich nicht, um deinen Erwartungen zu entsprechen. Du darfst einfach sein, wie du bist, unmittelbar, unschuldig und voller Leben. Was, wenn du einfach nur atmest, tanzt, springst, hörst, riechst, spürst, lachst, wieder zurückkehrst zu den einfachen Bedürfnissen?! Sperr dich nicht in einen Käfig, lass dich fliegen und endlich ein freier Mensch sein!

Seelische Reife

Die Zeit ist gekommen, aus den Kinderschuhen herauszutreten und seelisch zu reifen. Normalerweise seid ihr so sehr mit euren Gefühlen und Gedanken identifiziert, dass ihr über wenig Spielraum verfügt, weise zu handeln. Die meiste Zeit lasst ihr euch von euren Konditionierungen beschränken. Ihr nutzt euer Potenzial nur zu einem ganz minimalen Prozentsatz. Es ist bereits wissenschaftlich erforscht, dass ihr nur einen minimalen Teil eures Gehirns nutzt. Der Großteil liegt brach. Es ist Zeit, eine größere Kapazität zu aktivieren, um euer Handlungsspektrum und eure Erfahrungswelt zu erweitern. Ihr haltet euch für frei und selbstbestimmt. Dabei seid ihr sehr steuer- und manipulierbar, weil ihr in unbewussten Ängsten, Abhängigkeiten und unerfüllten Bedürfnissen gefangen seid. Ihr könnt nicht weise handeln, wenn ihr euren Emotionen, Wünschen und Begierden verfallen seid. Dazu fehlt euch dann der Spielraum. Meistens reagiert ihr, als hättet ihr keine andere Wahl.

Deine Intelligenz, dein Potenzial verkümmert, wenn du nur in bestimmten gesellschaftlichen und familiär geprägten Bahnen denkst und andere Möglichkeiten nicht zulässt. Um Weisheit zu erlangen, ist es wichtig, dir deiner Beschränkungen, deiner Prägungen bewusst zu sein. Sie sind allzu menschlich und stellen an sich kein Problem dar. Nur, um über sie hinauszuwachsen, musst du dir ihrer erst einmal bewusst sein. Du nutzt deshalb nur einen Teil deines Potenzials, weil du Angst hast, die Kontrolle zu verlieren, Angst davor, dass dein vertrautes System zusammenbricht, davor, den Verstand zu verlieren, weil du die Unendlichkeit nicht erfassen kannst. Um ein größeres Potenzial leben zu können, öffne dich bewusst dem Unendlichen. Du musst nichts befürchten. Du musst dazu auch nichts aktiv tun, nur leer sein und nichts in der Hand haben. Alles andere kommt von selbst. Dann erfüllt dich das Leben – es füllt dich, als leeres Gefäß, von selbst. Diesen unbegrenzten, raumlosen Raum kannst du nur allein betreten. Andere können dich unterstützen, eine Brücke sein, doch letztendlich liegt es einzig bei dir, diesen Sprung ins Ungewisse zu wagen. Hast du Angst, dich darin zu verlieren und aufzulösen? Selbst wenn dein Ich sich auflöst, bist du in dem unendlichen Meer des Seins geborgen, zu Hause.

Natürlich kannst du auf die Hilfe anderer Menschen zurückgreifen. Aber nichts, was für andere gilt, muss auch für dich gelten. Du musst dem Fluss deines Lebens selbst zuhören und ihm folgen. Das kann kein anderer für dich tun.

Seelisch zu reifen, beinhaltet, Verantwortung für dein Leben zu übernehmen, deinen eigenen Weg zu gehen, unmittelbar, nackt, und keiner Theorie oder vorgeprägten Meinung zu folgen. Du springst nicht mehr auf jeden Zug, der vorbeikommt, auf, lässt dich nicht locken von Oberflächlichkeiten, Emotionen, Begierden und Ängsten. Du lässt dich nicht mehr vom schnellen Glück, vom schnellen Reichtum, von irgendwelchen Oberflächlichkeiten aufs Glatteis führen. Du siehst die Wellen des Lebens kommen und gehen und lässt dich nicht davon beirren. Du ruhst in dir, schaust hinter die Dinge, verfügst über einen friedvollen Geist, über Ruhe und Gelassenheit.

Momentan wiederholst du noch überwiegend dieselben Muster und lernst nichts daraus. Du wirst wieder mit denselben Erfahrungen konfrontiert, bis du dich befreist, deinen gewohnten Bewegungsspielraum sprengst und die eingefahrenen Bahnen verlässt. Wenn du dich unter Druck und in die Enge getrieben fühlst, atme durch. Nimm Abstand und schau dir deine Situation genauer an. Wovor hast du Angst? Bist du überhaupt bedroht? Musst du dich verteidigen, musst du kämpfen? Muss alles so schnell gehen, wie du glaubst? Machst du dir den Druck unnötigerweise selbst? Welche Handlungsmöglichkeiten hast du? Fühlst du Not, wo keine ist? Ist da überhaupt ein Problem? Es gibt keine Bedrohung. Was, wenn du nie verletzt worden wärest, wenn du keinen Druck, alle Freiheit und einen unendlichen Spielraum hättest? Denn da ist und bleibt nichts – nur Frieden. Dein scheinbares Problem ist nur ein Gedankenkonstrukt, das du entlarven und über das du hinauswachsen kannst.

Sowie dich einerseits das Sprengen deiner geistigen und emotionalen Grenzen reifen lässt, gilt es, dich andererseits den übergeordneten Gesetzmäßigkeiten unterzuordnen. Euer scheinbares Ich will sich nicht hingeben und wehrt sich mit Händen und Füßen. Es beharrt auf seiner Macht, fürchtet sich vor Kontrollverlust und will lieber das Leben und die Natur selbst beherrschen. Weise ist es aber, die Grenzen, die deinem scheinbar persönlichen Ich gesetzt sind, anzuerkennen und dich dem Größeren zu fügen.

Wenn du diese übergeordneten kosmischen Gesetze nicht akzeptieren willst, bekommst du sie schmerzlich zu fühlen. Dabei dienen sie dir, geben Struktur und betten dich in ein größeres Gefüge ein. Je mehr du reifst, desto mehr erkennst du das Größere an, siehst seine Güte, sein Wohlwollen. Indem du erkennst, dass du die Welt nicht aus den Angeln heben und doch etwas bewirken kannst, fügst du dich dem größeren Ganzen und sprengst gleichzeitig die Enge in dir selbst. Das Sprengen deiner inneren Grenzen und Glaubenssätze lässt dich auch andere Menschen mit anderen Augen betrachten. Du siehst plötzlich, dass sie deine Lehrer sind. Denn jeder Mensch hat Aspekte, die deinen Horizont erweitern und dich die Welt anders sehen lassen können. Denn gerade in der Begegnung mit den Menschen, von denen du glaubst, dass sie dich nichts lehren können, die „unter dir" zu stehen scheinen, liegt ein Geschenk für dich. Oftmals weißt du die Vielfalt menschlichen Ausdrucks nicht zu schätzen, du wertest die Menschen ab, anstatt dich an ihnen zu erfreuen. Gerade die, die du abwertest, sind wichtige Spiegel, die du zur Erkenntnis, zur Reifung nutzen kannst. Schau nicht darauf, was dir an ihnen nicht passt, sondern schau, was sie dich über dich lehren. Hat jemand Geduld, die du nicht hast und dir erarbeiten kannst? Schweigt jemand weise, wo du dich um Kopf und Kragen redest? Zieht jemand nicht in den Kampf, wo du dich schon unnötigerweise zerfleischt hättest? Welche Energien lebt dieser Mensch, die du so nicht zur Verfügung hast, dir aber erarbeiten kannst? Vielleicht erscheint dir manches nicht als der Weisheit letzter Schluss. Trotzdem kannst du das Potenzial darin auf deine Art und Weise nutzen. Dieser Mensch ist Gold wert.

Wenn du selbst ständig finanzielle Probleme hast und Reiche verurteilst, ist das absurd und dumm. Anstatt von ihnen zu lernen, anstatt anzuerkennen, dass sie dir in diesem Punkt etwas voraushaben, kritisierst du sie. Verschwende nicht deine Zeit, um deine Beschränkungen zu rechtfertigen und über andere negativ zu denken. Selbst wenn ein Mensch gefangen und verstrickt ist, kannst du immer noch von ihm lernen. Das Wichtigste, um seelisch zu reifen, ist deine Lernbereitschaft. Und die erfordert Demut. Es bricht dir kein Zacken aus der Krone, wenn du die Schönheit anderer erkennst. Dafür bist du vielleicht mit Fähigkeiten versehen, die andere nicht haben. Aber das ist völlig unwichtig. Du bist nicht umsonst individuell und nicht vergleichbar. Niemand ist wie du. Ihr glaubt, dass ihr es nicht nötig habt, von anderen zu lernen. Von ihnen zu lernen, bedeutet allerdings nicht, sie zu kopieren oder dich auf deine Defizite zu konzentrieren, sondern deine Potenziale auszuschöpfen und dir mehr Spielraum zu erarbeiten.

Wenn du dich glücklich fühlst, genieße dein Glück. In den Momenten aber, in denen du dich gefangen und angegriffen fühlst, den Kampf suchst und leidest, überprüfe deine Ängste, deine Wunden und eröffne dir neue Möglichkeiten. Siehst du Bedrohungen, wo es keine gibt? Es gibt keinen Feind, sondern genug Raum und Platz für alle. Anstatt jemanden als deinen Feind zu betrachten, sei dankbar dafür, dass er dir deine Schwachstellen aufzeigt. Übernimm Verantwortung für sie, arbeite an ihnen und wachse. In dem Moment, wo du deine Angst, deine scheinbare Schwäche, die Hilflosigkeit und Ohnmacht annimmst, löst sich dein Problem auf. Die Hilflosigkeit lehrt dich Demut. Für manche Menschen ist das Gefühl, nicht mehr weiter zu wissen, ein wichtiger Schlüssel zu absoluter Hingabe – der Sprung, um das Größere anzuerkennen und darin aufzugehen. Aber das natürlich nur dann, wenn Hilflosigkeit nicht ihre Masche ist, um sich der Verantwortung, der Realität zu entziehen. In einem Moment totaler Hilflosigkeit kann höchste Erkenntnis geschehen. In einem einzigen Moment nur kann alles von dir abfallen und sich dir die Einheit, das Universum eröffnen. In der Regel erfordert es aber Ausdauer und Beharrlichkeit, deine Mangel-, Angst- und Glaubenssysteme zu durchbrechen. Das muss nicht immer in Arbeit ausarten, doch braucht es dein stetiges Interesse, dich zu erforschen und über die Grenzen deiner Identifizierungen hinauszuwachsen. Es gibt keinen Grund zur Eile, nur die Notwendigkeit von Ausdauer, Beharrlichkeit und einem Forschergeist. Betrachte und erforsche das Leben, im besten Fall unvoreingenommen und neutral. Doch wenn du glaubst, der Weisheit letzter Schluss gefunden zu haben, irrst du. Es bedarf immer wieder der „Demut". Du kannst dir alles Mögliche einbilden. Doch die Realität zeigt dir, was Bestand hat. In der Konfrontation mit der Realität zerspringen deine Illusionen. Sie zeigt dir, was funktioniert und was nicht, nimmt dir manchmal alle Hoffnung, wenn du auf dem Holzweg bist. Die Realität lässt sich nicht blenden. Sie ist klar, direkt, eins zu eins mit dir.

Die Wahrheit ist nun einmal keine in Stein gemeißelte Theorie. Glaubst du sie gefunden zu haben, wird dich das Leben gleich wieder eines Besseren belehren und dir aufzeigen, dass keine Theorie es jemals wirklich erfassen kann. Es ist unmittelbar, lebendig und nicht in Worte zu fassen. Es geht beim Forschen nicht darum, dir ein Konzept zu basteln, sondern dich einzulassen und mit dem Fluss des Lebens zu fließen. Es bleibt nichts als die direkte Erfahrung, und selbst die vergeht wieder. Dem Leben deine schlauen Theorien aufzudrücken, funktioniert nicht. Es unterliegt stetigem Wandel. Weisheit liegt darin, dich ganz leer dem Leben und seiner Lehre hinzugeben. Deine Konzepte erzeugen nur Schleier, wieder eine Trennung zwischen dir und dem Leben. Indem du dir Theorien bastelst, versuchst du nur wieder, das Leben berechenbar zu machen. Dabei ist es wild und unberechenbar. Lässt du dich ganz darauf ein, wird es dir nie langweilig. Es lässt dich in jeder Zelle deines Seins lebendig sein. Nichts bleibt außer unmittelbarem Sein. Keine Theorie greift wirklich. Denn das Leben erfindet sich immer wieder neu, selbst wenn es sich wiederholt und auch beständige Werte wie Treue, Ausdauer, Nachhaltigkeit, Rituale und Sicherheit umfasst. Selbst die Faktoren des Lebens, die für Beständigkeit stehen, sind in den Wandel und in den Fluss des Lebens gebettet. Kein Moment ist wie der andere. Selbst wenn du fünfzig Jahre mit deinem Partner zusammenlebst, ihr bestimmten Ritualen und tagtäglich denselben Abläufen folgt, ist jeder Moment neu. Es gibt auch dann keine Sicherheit. Du weißt nie, was im nächsten Moment sein wird. Pure Freude erfüllt dich, wenn du das Leben direkt erfährst und den Müll deiner Konzepte, Gedanken und Regeln über Bord wirfst.

Wenn du seelisch reifst, lernst du auch, wenn nötig, einen langen Atem zu haben. Du weißt um die Vergänglichkeit, das Kommen und um das Gehen von Gefühlen, Erfahrungen, Meinungen und bist dir dessen bewusst, was nicht stirbt und nicht vergeht. Du nimmst eine einzige Welle nicht so ernst, als sei sie für dein Überleben verantwortlich. Du entwickelst Geduld und Langmut, verfügst aber in bestimmten Situationen über die nötige Tatkraft.

Mit der seelischen Reifung beginnst du über deine Prägungen hinauszuwachsen. Du nimmst sie wahr, lässt dich von ihnen aber nicht mehr steuern. Sie haben nicht mehr die Macht, dich leiden zu lassen. Du bist mit ihnen in Frieden. Du bist dir dessen gewahr, was immer heil und ganz geblieben ist, egal, wie stark du verwundet worden bist, wie tief der Schmerz, wie quälend die Erfahrungen auch waren. Sie verschwinden im Einen, bis nichts mehr bleibt. Egal, wer du bist, egal, wo du gerade stehst, egal, wie verletzt du dich fühlst, erinnere dich an das heile Ganze. Das ist immer unzerstörbar ewiglich. Sei dir dessen gewahr, was trotz allem unberührt, ewig und unsterblich ist. Deine Heilung liegt in der Bewusstwerdung des Ewigen Einen.

Wieviel Zeit ist erforderlich, um seelische Reife zu erlangen? Seelische Reife unterliegt nicht der Zeit. Sie ist auch keine Frage irdischen Alters. Manche Menschen können hundert Jahre alt werden und sind trotzdem in ihrem Verhalten unreif, andere tragen schon als Kind viel Weisheit in sich und sind sich der Einheit allen Seins bewusst. Schon bei der Geburt ist die Ausgangsposition nicht dieselbe. Einige kommen schon mit einer großen seelischen Reife, die sich andere erst erarbeiten müssen. Trotzdem birgt das Alter, verbunden mit dem gelebten Leben und den vielfältigen Erfahrungen, die Möglichkeit zu reifen. Alter kann Umsicht, Weisheit und Gelassenheit mit sich bringen. Das ist aber nicht automatisch der Fall und geschieht nur, wenn du deine Erfahrungen nutzt und aus ihnen lernst. Manche Menschen lernen sehr schnell und intensiv, während andere mehr Zeit brauchen. Obwohl das Alter die Möglichkeit zur Reifung bietet, nutzt diese nicht jeder. Auch das ist vollkommen. Manchmal verfestigen sich im Alter die gefangenen Anteile, das Denken wird starr, und es wird schwierig, mit den vermehrten körperlichen und geistigen Grenzen umzugehen. Bei einigen führt das Alter jedoch zu einem offenen und friedvollen Geist. Je mehr du reifst, desto mehr akzeptierst du das Leben, wie es ist. Du erkennst seine Weisheit. Du nimmst Veränderungen vor, wenn es an der Zeit ist, und akzeptierst auch, dass sich manches nicht ändern lässt.

Wenn du reifst, bist du für manchen gesellschaftlichen Unsinn nicht mehr zu gebrauchen. Du spürst, dass es dich nicht glücklich macht, dem Erfolg, dem Geld, der Anerkennung hinterherzurennen, all den Dingen, die du angeblich brauchst, um dazuzugehören. Du buhlst nicht mehr um die Bestätigung anderer, weil du sie in dir selber gefunden hast, und schwimmst nicht mehr mit, nur um anerkannt zu sein. Du hast keine Angst mehr davor, anders und nur du selbst zu sein. Du bist nicht mehr zu kaufen und nicht mehr hungrig. Du steigst aus dem Spiel der ewig unerfüllten Bedürfnisse aus. Du spürst, dass alles, was dir angeblich fehlt und Glück verheißt, dich nicht wirklich nährt. Du erkennst, wie sich diese Suche wiederholt und doch nie zum ersehnten Ziel führt. Trotzdem kannst du das Spiel des Lebens genießen, nimmst es nur nicht mehr ernst. Der schier unstillbare Hunger, den du einst durch die Liebe mancher Menschen, durch Besitz und Erfolg zu stillen versucht hast, versiegt. Du löst dich aus den Abhängigkeiten, suchst nicht mehr im Außen nach Erfüllung, folgst nicht mehr den Klischees von einem gesellschaftlich akzeptierten Menschen, sondern fühlst, wie die Quelle in dir selbst sprudelt.

Diese Zeit ist ein Geschenk. Ihr könnt jetzt sehr schnell und intensiv lernen und reifen. Karma kann enden, Leid der Bewusstheit weichen, es bekommt keine Nahrung mehr. Du ruhst mehr und mehr in dem einen strahlenden Selbst.

Wenn du dich aber eher wie ein Hamster im Rad fühlst, ist das kein Problem. Denn du kannst diese innere Freiheit nicht erzwingen. Anstatt dich darüber zu ärgern, habe Mitgefühl mit dir und auch mit deinen gefangenen menschlichen Anteilen. Sie halten das Größere nicht auf. Selbst sie können das strahlende Licht in dir nicht zum Erlöschen bringen. Setze dich nicht unter Leistungsdruck. Es passiert nichts. Du bist bis zum letzten Atemzug menschlich. Du bist in keiner Schule, in der deine seelische Reife benotet und beurteilt wird. Hier gibt es kein Ziel, keine Strafe und kein Verfehlen. Die Liebe umfasst dich, sie grenzt dich und deine Schatten nicht aus. Geduld und Güte sind auch hier der Schlüssel.

Selbst wenn du dich bis zum Ende deines Lebens im Kreise drehst und deinem Urteil zufolge scheinbar nichts gelernt hast, spielt auch das keine Rolle. Du weißt nicht, warum das so sein soll. Du weißt nicht, ob du nicht einfach das alles genauso durchleben sollst. Sei in Frieden mit deinem Leben, wie immer es gerade ist, nicht wissend, warum es so verläuft. Du brauchst keine Angst zu haben, dass du etwas verfehlen, verpassen oder nicht gut genug sein könntest. Du kannst nicht versagen. Es gibt nichts zu verfehlen. Es ist alles vollkommen, wie es ist. Denn nichts ist Zufall. Bastle dir aus meinen Worten und Beschreibungen keine Erwartungen. Es gibt keine Leistungsanforderung. Sobald du hier Druck spürst, hast du etwas missverstanden. Ich erwarte nichts von dir. Ich zeige dir Möglichkeiten auf, aber verlange nichts. Ich will kein neues Leiden erzeugen. Leiden erzeugst du selbst, indem du dich unter Druck setzt, eine Geschichte um Erfolg und Versagen kreierst. Im Bewusstsein der Einheit ist Frieden. Und selbst dann noch, wenn du zum hundertsten Male auf der Stelle trittst. Trotzdem wird dir nichts abgenommen und nichts geschenkt. Mach dir keinen Leistungsdruck und seelische Reife nicht zum Ziel. Manchmal ist es nötig, hundertmal dieselbe Arie zu wiederholen und immer wieder denselben Schmerz zu erfahren. So lange bis du die Nase voll hast und alles gibst, um dich zu befreien. Jede Erfahrung hat ihren Sinn. Wenn du in deinen Mustern und Ängsten gefangen, aber damit in Frieden bist, kannst du freier sein als jemand, der weniger Ängste und Beschränkungen hat, aber mit ihnen kämpft. Es gibt kein *richtig*, kein *falsch*, nur unterschiedliche Erfahrungen.

Vieles geschieht alleine schon, indem du es erlebst. Wandlung geschieht auch, indem du diese Worte liest. Sie wirken, ohne dass du etwas machen musst.

Nachdem du dieses Buch gelesen hast, bist du nicht mehr der, der du einmal warst. Da wirkt etwas von selbst, ohne dass du es erklären, verstehen oder bemerken musst, bis nichts als Frieden, nichts als Stille, das Eine Bewusstsein ist und bleibt. Ihr glaubt immer, nur etwas bewirken zu können, wenn ihr es versteht. Nehmt das Leben spielerisch, wider den tierischen Ernst. Spielt, probiert aus. Das Kindliche in dir zu leben, ist wichtig, um zu reifen. Du bleibst neugierig und kannst die Welt erforschen. Und egal, wie alt du bist, du kannst sie immer wieder neu entdecken und mit der Weisheit, dem reichen Erfahrungsschatz des Alters betrachten.

Die seelische Reife beinhaltet, Kind sein zu können, zu spielen, auszuprobieren und das Leben mit Humor zu betrachten. Sie weiß um die Kostbarkeit dieser natürlichen kindlichen Unschuld, die nicht im Widerspruch zur Reifung steht, vielmehr ein Bestandteil von ihr ist. Mit einer gewissen Reifung wisst ihr um die Wandlungsphasen, um das Auf und Ab des Lebens. Ihr wisst auch mit Herausforderungen anders umzugehen. Ihr werft nicht bei jedem Gegenwind sofort die Flinte ins Korn.

Viele Menschen steigen aber aus, sobald es nicht mehr schillert, trocken, bisweilen dröge und unbequem wird, wenn sie den ersten Zweifeln, Abwärtsbewegungen und Stagnationen standhalten müssen. Ihnen fehlt ein langer Atem, Durchhaltevermögen und Beharrlichkeit. Dabei könnten sie einfach weitergehen und mit diesen Unwegsamkeiten reifen. Sogar Firmen, Künstler, Stars, die einen kometenhaften Aufschwung erleben, sehen sich irgendwann mit den Wandlungsphasen konfrontiert. Auch sie erleben Zeiten, in denen ihnen die Luft ausgeht, in denen sie mit den Auf und Abs umgehen müssen.

Was wie ein Komet aufsteigt, kann auch wieder fallen. Das alleine reicht nicht. Es braucht das Solide, die Substanz und das Erarbeitete. Viele Menschen leben ihr Potenzial nicht, weil sie schon beim ersten Hindernis Angst bekommen und immer nur nach schnellen Highlights, nach sofortiger Befriedigung suchen. Vielen mangelt es nicht an Begabungen, sondern an Durchhaltevermögen. Ihnen fehlt die Geduld, die verschiedenen Wellen zu durchleben und darin zu bestehen. Gerade mit diesen Herausforderungen umzugehen, lässt dich wachsen. Viele Menschen mit großartigen Begabungen können diese nicht in die Welt bringen, weil sie Angst haben, sich zu zeigen und damit berührbar und verletzbar zu sein. Andere mit weniger Talent gehen unbekümmert in die Welt, fürchten die Herausforderung nicht und setzen sich über mögliche Kritik und ihre menschlichen Schwächen hinweg. Sie bleiben dran, gehen weiter, wenn andere schon lange ausgestiegen und über ihr Perfektionsstreben und ihre Zweifel gestolpert sind. Sie verfügen über die nötige Erdung, sich von den Herausforderungen des Lebens nicht abschrecken zu lassen. Wenn du sehr sensibel und feinstofflich veranlagt bist und Angst vor der direkten Konfrontation mit dem Leben hast, hilft es dir nicht, dich zu verstecken oder in Watte zu packen. Das Leben fordert dich heraus. Wenn du dich vor dem Leben schützen willst, erfährst du viel mehr Schmerz, als wenn du dich von ihm berühren und schleifen lässt. Egal, was geschieht, in dir ist etwas, das stärker ist als alles, was du fürchtest. Außerdem kannst du den Erfahrungen, vor denen du dich fürchtest, sowieso nicht entkommen. Du kannst aber gestärkt aus ihnen hervorgehen und das entdecken, was nicht verletzt, nicht zerstört werden kann. Mit der Zeit bemerkst du sogar, dass gerade die scheinbar trockenen, langsamen, wenig schillernden Erfahrungen sehr bereichernd sind. Sie ermöglichen dir, wichtige Erkenntnisse zu vertiefen, dich zu festigen und stärker zu werden.

Beziehungen verändern sich

In dieser Zeit ereignen sich auch in euren Beziehungen tiefgreifende Prozesse. Langjährige Beziehungen und Freundschaften gehen plötzlich zu Ende oder verändern sich. Konflikte, die im Untergrund schwelten, kommen plötzlich an die Oberfläche. Wenn du lange Zeit viel hingenommen, deine Bedürfnisse hintangestellt und vieles um der Harmonie willen in Kauf genommen hast, magst du das auf einmal nicht mehr. Du bist nicht mehr dazu bereit, dich selbst zu demütigen, nur um anderen zu gefallen. Du spürst plötzlich, dass du die Liebe und Anerkennung anderer nicht mehr brauchst, und durchbrichst deine Abhängigkeiten. Dir wird bewusst, dass du aus Angst einem falsch verstandenen Bild von Liebe gefolgt bist und dich selbst zum Opfer gemacht hast. Du hast dich nicht geachtet und dich Situationen ausgesetzt, die dir nicht gut taten. Du gesundest. Dort, wo du dich früher als Opfer und hilflos fühltest, trittst du aus deiner Ohnmacht heraus und handelst. Du wirst dir bewusst, dass du kein Opfer bist und den anderen nicht brauchst, um dich vollständig zu fühlen. Du machst dich nicht mehr klein und wächst in deine natürliche Größe. Du steigst aus deinen Abhängigkeits- und Machtspielen aus.

Wenn du viel Verantwortung getragen hast, auch manche Last für andere, wirst du dessen immer müder. Du willst nicht mehr für deren Glück verantwortlich, sondern frei sein. Wenn du deine Macht aus deiner Dominanz, der Schwäche und Abhängigkeit anderer bezogen hast, stößt du immer mehr an deine Grenzen. Mit jedem Menschen, der dich nicht mehr braucht oder sich alles gefallen lässt, schrumpfst du. Du, der scheinbar „Starke und Mächtige", bekommst von ihnen keine Energie mehr. Du kannst dich nicht mehr so allmächtig verhalten, auch nicht mehr so unachtsam und undankbar. Denn niemand macht mehr mit. Nachdem du zunächst an Macht und Stärke zu verlieren scheinst, wächst in dir deine wirkliche, natürliche Kraft.

Auch wenn diese Prozesse im ersten Moment unbequem sind, sind sie ein wahrer Segen. Du wirst auf deine natürliche Größe zurückgeworfen und trittst aus den Schuld- und Opferthematiken, den Beziehungsabhängigkeiten aus. Du begegnest anderen auf Augenhöhe. Manche Beziehungen halten diesen intensiven Wandlungen stand und gestalten sich plötzlich frei. Andere Beziehungen überstehen diese Wandlungen nicht. Und zwar meist dann nicht, wenn sie überwiegend von Machtstrukturen geprägt waren. Diese Beziehungen haben dir für eine bestimmte Zeit gedient. Doch manchmal kann es an der Zeit sein, getrennte Wege zu beschreiten. Gemäß dem Gesetz der Anziehung ziehst du neue Menschen an, die deiner veränderten Schwingung entsprechen. Das ist ein natürlicher Ablauf. Auch wenn du einmal in einer Übergangszeit ohne Freunde bist, ist das kein Problem. Du bist vollständig aus dir selbst heraus. Es braucht

Größe, um aus den Verstrickungen auszusteigen. Ein Teil deiner Verstrickungen sind in deinen Erwartungen und Wertungen, was das Verhalten anderer betrifft, begründet. Deine Projektionen nehmen die verrücktesten Ausmaße an. Mit den Menschen selbst hat das nichts zu tun. Sie sind nicht da, um so zu sein, wie du es dir vorstellst. Erkenne ihre Schönheit. Sieh den göttlichen Funken in ihnen. Sei in Frieden mit ihnen. Lass die Kämpfe enden. Sie sind nicht dafür verantwortlich, dass du glücklich bist. Dein Wohlergehen ist deine Angelegenheit. Für dein Glück ist es nicht bedeutsam, ob sie sich so verhalten, wie du es erwartest. Nur weil du vergessen hast, aus dir selbst heraus glücklich zu sein, glaubst du, andere müssten dir das geben, was dir zu fehlen scheint. Aber dazu sind sie nicht da. Sie sind nicht da, um deine innere Leere zu füllen. Wenn sie deinen Vorstellungen nicht entsprechen, bist du enttäuscht und machst ihnen Vorwürfe. Du glaubst in diesen Momenten, dass du glücklicher wärest, wenn sie sich anders verhalten würden. Du gibst ihnen Schuld, weil sie dir nicht das geben, was du zu brauchen glaubst. Die daraus folgenden Streitereien führen zu nichts. Eigentlich geht es nur um Macht und Rechthaberei. Ihr dreht euch im Kreis und nichts ändert sich. Niemand muss dich glücklich machen. Die Liebe ist frei und kümmert sich nicht um deine Forderungen. Die Lösung deiner Beziehungsprobleme liegt darin, dich wieder an die Vollständigkeit deines Seins zu erinnern und deine Erwartungen loszulassen. Kehre zu der Liebe zurück, die du einfach bist. In dem Moment, wenn du von anderen forderst, erinnere dich, dass die Vollständigkeit der Liebe aus dir selbst heraus erwächst.

Anstatt anderen Schuldgefühle zu machen, finde das, was du von ihnen erwartest, in dir selbst. Genausowenig wie andere für dein Glück verantwortlich sind, bist du es für ihres. Du kannst es ihnen weder geben noch nehmen. Alles, was du gibst, ist freiwillig. Wenn du dich nicht geliebt fühlst, bist du dir deiner Essenz nicht bewusst. Du übersiehst die Liebe in der Luft, die du atmest, in jeder Blume, in allen Ausdrucksformen des Seins. Diesen Mangel an Liebe kann niemand anders füllen. Wenn du nicht die Allgegenwärtigkeit der Liebe erkennst, wird es nie genug sein, nicht einmal, wenn dir jemand sein ganzes Leben schenken würde. Liebe scheint für euch sehr exklusiv und nur bestimmten Menschen vorbehalten zu sein. Ihr beschränkt sie meist auf eure Liebesbeziehungen oder auf die Liebe zu euren Kindern und Eltern. Dabei ist die Liebe unendlich. Sie ist in allem. Sie steht und fällt nicht damit, ob dir ein Mensch offensichtlich Zuneigung entgegenbringt. Sie steht und fällt nicht damit, ob dich ein Mensch abwertet oder beschimpft. Die Liebe ist immer und überall. Sie ist der Kern aller Dinge. Selbst die Menschen, die schlecht über dich reden, lieben dich im Kern ihres Seins, ohne es zu wissen. Sie sind sich in dem Moment der Liebe nicht bewusst und in ihren Beurteilungen gefangen. In eurer dualen, meist sehr oberflächlichen Betrachtungsweise von Liebe scheint es Menschen zu geben, die euch lieben oder nicht lieben. Wahre Liebe schließt nichts und niemanden aus. Sie kennt keinen Anfang und kein Ende. Sie ist immer. Liebe und Nicht-Liebe existieren nur im Bewusstsein der Trennung. Da scheint es bedeutsam zu sein, wer dich liebt und wer nicht und ob du dich annehmen kannst. Im Kern deines Seins bist du immer geliebt, jenseits von Liebe und Nicht-Liebe. Wenn Menschen dich nicht annehmen können, sind sie der Liebe nicht gewahr. Es sagt nichts darüber aus, ob du liebenswert bist oder nicht.

Wenn du im dualen Bewusstsein verhaftet bist, findest du in Bezug auf die Liebe keine Ruhe. Ruhe findest du nur, indem geliebt oder ungeliebt zu sein keine Rolle mehr spielt. Im Bewusstsein der allumfassenden Liebe tangiert dich nicht mehr, ob dich Menschen offensichtlich mögen oder nicht. Die Unendlichkeit der Liebe offenbart sich dir von selbst. Du freust dich darüber, dass Menschen dir Zuneigung entgegenbringen und dein Leben bereichern, fühlst dich aber auch ohne sie vollständig. Wenn du ganz mit dem dualen Bewusstsein identifiziert bist, fühlst du dich von der Liebe anderer abhängig und hast Angst, allein zu sein. Das ist auch ein Grund, warum ihr Abschiede, das Ende einer Beziehung unnötig herauszögert. An einer Beziehung künstlich festzuhalten, kostet dich sehr viel Energie. Und es ändert vor allem nichts an der Tatsache, dass die gemeinsame Zeit zu Ende ist. Sei dankbar für die gemeinsame Zeit. Leider ist das Ende von Beziehungen oft mit Streitereien verbunden. Ihr könnt oft nicht anders Abschied nehmen, als wütend oder enttäuscht zu sein und dem anderen etwas zu verübeln. Es fällt euch schwer, den anderen stehen zu lassen, in eurem Herzen offen und in Liebe verbunden zu sein und nur zu akzeptieren, dass euer gemeinsamer Weg zu Ende ist. Was kann der andere dafür, dass das Leben fortan getrennte Wege für euch vorgesehen hat! Daran trägt niemand Schuld. Auch nicht daran, dass du dich verletzt fühlst. Sei mit dem

Menschen, mit dem du einen Teil deines Weges gegangen bist, in Frieden. Sei dankbar für die Erfahrungen, die er dich machen ließ, auch für die schwierigen. Sei in Frieden, egal, was mit diesem Menschen vorgefallen ist. Macht euch keinen Vorwurf. Ihr konntet es beide nicht besser. Denn was du vom anderen forderst, erfüllst du meist selbst nicht. Wie schwer fällt es dir selbst, dich nicht zu verstricken. Indem du vom anderen etwas forderst, bewirkst du nichts als Kampf. Ruhe findest du nur, indem du akzeptierst, dass ihr beide menschlich seid. Wenn du darauf wartest, dass der andere sich verändert, kannst du lange warten. Und was hat das mit Liebe zu tun? Entweder du kannst mit diesem Menschen leben, wie er ist, oder du kannst es nicht. Wenn dir etwas nicht passt, verändere dein eigenes Verhalten, betrachte die scheinbar unmöglichen Verhaltensweisen deines Partners mit anderen Augen – oder geh. Erzwinge das, was du dir wünschst, nicht. Ein Mensch kann und muss dir nicht alles geben. Wenn dir etwas wirklich wichtig ist, schau, wie du auf eine andere Art und Weise zum Ziel kommst. Und vor allem prüfe, ob du das, was du zu brauchen glaubst, wirklich brauchst. Du bist weniger bedürftig, als du vermutest. Übersiehst du die Geschenke des anderen und hast immer etwas an ihm auszusetzen? Entweder ist das, was du mit diesem Menschen erlebst, so gewichtig, dass du über die anderen Dinge hinwegsehen kannst, oder du lässt es. Wenn euch wirklich nicht genug verbindet, hab den Mut, eure Beziehung zu beenden. Dem anderen Vorwürfe zu machen, das kannst du dir sparen. Jeder ist so geschaffen, wie er sein soll. Die Vorstellung, dass dein Partner anders sein müsste, ist die

Ursache für eine Menge Beziehungsstress. Du erkennst die Vollkommenheit der Schöpfung, die sich durch diesen Menschen ausdrückt, nicht an. Sie zu akzeptieren, erleichtert dir vieles im Leben. Dein Problem liegt nur in deinen Erwartungen begründet, in mangelnder Dankbarkeit und dem fehlenden Bewusstsein der Vollkommenheit, die allem zugrunde liegt.

Manche Paare passen von Anfang an so perfekt zusammen, dass sie sich wie ein Puzzleteil ins andere fügen. Sie genügen sich und ergänzen sich perfekt.

Was ihnen manches erleichtert und glückliche Momente schenkt, birgt aber auch die Gefahr in sich, das Glück vom Partner abhängig zu machen und ihn zu idealisieren. Es hilft dir nicht, dich nur mit dem anderen vollständig zu fühlen. Es gilt, das stille Glück in dir unabhängig von ihm zu entdecken. Deine Beziehungen erweitern, ergänzen und bereichern dich, aber die Vollständigkeit findest du nur im Kern deines Seins.

Viele Menschen fürchten das Alleinsein wie der Teufel das Weihwasser. Sie haben Angst vor der Leere. Sie nutzen das Zusammensein mit anderen, ähnlich wie das Fernsehen, zur dauerhaften Ablenkung, um nicht zur Ruhe zu kommen und zu fühlen, was wirklich ist, wenn sie allein sind.

Dabei ist es wichtig, sich in verschiedenen Phasen des Lebens innerlich von allem zu lösen und mit sich alleine zu sein.

Wenn du immer abgelenkt bist, nimmst du deine Gefühle nicht wahr, lässt dich auf Spiele und Abhängigkeiten ein, die dir nicht gut tun. Du flüchtest vor dir selbst aus Angst, dich allein zu fühlen. Stell dich dieser Leere. Sie ist kein Grund zur Sorge. Sie ist leer und voll gleichzeitig. Sie ist still, sie ist freundlich und friedlich. Sie ist voller Wunder und neuer Möglichkeiten. Sie ist nur schmerzhaft, wenn du krampfhaft nach etwas suchst, an dem du dich festhalten kannst. Wenn alles wegfällt, hast du immer noch dich. Du bist geborgen im Da-Sein. Es kann hilfreich sein, immer wieder einmal ein paar Stunden allein zu sein, um Abstand zu nehmen, um dich aus Abhängigkeiten und aus unliebsamen Gewohnheiten zu befreien. Gerade wenn du im Kontakt schnell zerfließt und dir die Probleme anderer zu eigen machst, brauchst du Zeiten der Ruhe und des Rückzugs. Du brauchst Zeit, um die vielen Eindrücke und Reize zu verarbeiten. Du brauchst auch manchmal Zeit allein, um zu fühlen, was wesentlich ist, und um zu dir zurückzukehren.

Natürlich musst du nicht allein sein, um glücklich und in Kontakt mit dir und deinen Gefühlen zu sein. Im Alleinsein kannst du dich genauso in Gedanken und Unruhe verlieren. Zeiten allein sind natürlich kein Garant dafür, in dir zu ruhen. Trotzdem können sie dir helfen, Abstand zu nehmen und aus dir selbst heraus glücklich zu sein. Wenn du von innen erfüllt bist, gestalten sich deine Beziehungen unkompliziert und freudig. Du suchst nichts bei ihnen und verstrickst dich nicht. Du kannst andere Menschen lieben, aber du brauchst sie nicht, um glücklich zu sein. Wen glaubst du zu brauchen? Wen hast du Angst zu verlieren? Wen glaubst du festhalten zu müssen? Du brauchst dich nicht anstrengen und niemanden festhalten. Sie bleiben von selbst, wenn sie es wollen, wenn es sie erfreut. Ansonsten hilft dir auch das

Festhalten nichts. Du brauchst dich nicht um die Liebe zu kümmern. Sie ist nicht so begrenzt, nicht so ausschließlich, wie du vermutest.

Ihr überseht die Unendlichkeit der Liebe, die Liebe, die ihr selbst seid. Natürlich gibt es unterschiedliche Formen von Liebe, drückt sich die Liebe zu deinem Kind anders aus als zu deinem Partner, deinen Eltern oder deinen Freunden. Unter und hinter allem ruht eine Liebe, die keinen Anfang und kein Ende, keine Trennung und keine Bedingung kennt. Sie fordert nicht einmal von dir, dass du lieben musst. Wenn du nicht lieben kannst, jemanden sogar hasst, ist im Urgrund deines Seins Liebe. Egal was du tust, egal wer du bist, nichts fällt raus, weil diese Liebe alles beinhaltet und den Geist der Trennung nicht kennt – eine Liebe, die offenen Herzens selbst die hässlichsten und tiefsten menschlichen Abgründe umarmt. Sie schließt nichts aus. Sie kennt keinerlei Bedingungen. Die ewigen Spiele um Liebe könnt ihr euch sparen. Sie erzeugen nur Schmerz.

Liebe ist einfach. Du bist immer geliebt, nur weil du bist. Ihr nehmt die Liebe, wie alles im Leben, durch die Identifizierung mit einem Ich – einer scheinbaren Person – viel zu persönlich. Wenn jemand etwas sagt und tut, bezieht ihr es sofort auf euch, auch wenn ihr gar nicht gemeint seid. Ihr reagiert empfindlich und komplett über und interpretiert in das Verhalten anderer Menschen Dinge hinein, die jeglicher Grundlage entbehren. Wenn du einen Menschen hasst, ist das dein eigener Hass. Es sagt nicht aus, dass dieser Mensch schlecht ist, verabscheuungswürdig oder schuldig. Es sagt überhaupt nichts über ihn aus. Wenn du ihn hasst, bist du gefangen in deinem Schmerz. Du kannst ihn als deinen Spiegel sehen. Hasst du dich auch? Wo spaltest und bewertest du? Glaube nicht, dass du besser bist als der andere. Was du in deinem Hass siehst, hat weniger mit ihm als mit dir zu tun. Dasselbe Prinzip gilt, wenn dich Leute in den Himmel heben und mit Liebe überschütten. Es sind nur ihre Projektionen, ihre Bilder von dir. Nimm die Bewunderung genausowenig persönlich wie den Hass, wenn sie mit Steinen nach dir werfen. Beides ist nicht so bedeutungsvoll, wie es dir im ersten Moment erscheinen mag.

Ihr bezieht euer Glück, eure Wahrnehmungen und Gefühle immer auf andere. Dabei geht es gar nicht darum. Du fühlst, du handelst und Punkt. Meistens berücksichtigt ihr sofort, welche Reaktionen ihr beim anderen auslöst und wie ihr ihn beeindrucken, provozieren und seine Akzeptanz finden könntet. Ihr wollt meist in einem bestimmten Lichte erscheinen.

Selten handelt ihr in euren Beziehungen absichtslos. Meist hat das, was ihr sagt und tut, Ziel und Zweck. Was du tun möchtest, tue, unabhängig vom anderen. Du brauchst dich nicht rechtfertigen und nicht erklären. Was der andere damit macht und wie er darauf reagiert, ist seine Angelegenheit. Manchmal glaubt ihr, andere vor der Wahrheit schützen zu müssen. Oftmals schützt ihr dadurch nur euch selbst vor unangenehmen Gefühlen und Konfrontationen. Seid klar und aufrichtig. Ihr verstrickt euch nur, wenn ihr euer Verhalten und eure Gefühle immer in Bezug zueinander setzt. Ihr interpretiert so vieles in Dinge hinein, wo nichts ist. Das erzeugt ein heilloses Durcheinander. Lasst es einfach stehen. Ein gesunder Sinn für Realität, dich nur an das zu halten, was ist, ist Gold wert und lässt dich aufrichtig und frei in Beziehungen sein. Jedenfalls führen die ganzen Interpretationen nur zu Verwirrungen und Verstrickungen. Sieh die Realität. Wenn ein Mensch dir hundertmal sagt, wie wichtig du ihm bist, dich aber immer wie den letzten Dreck behandelt, dann ist die Realität, dass du wie der letzte Dreck behandelt wirst. Dann hast du dich darum zu kümmern, dich nicht so behandeln zu lassen. Der andere kann dich so behandeln. Das ist seine Angelegenheit. Aber du kannst aufhören, dich so behandeln zu lassen. Du brauchst darüber nicht zu diskutieren. Du hörst einfach auf, das mitzumachen. Du gehst, du schweigst, du löst dich aus dem Kontakt, oder du bleibst und bist in deiner Achtung und Würde. Es erfordert deine Klarheit. Vermeide Gespräche, die zu keiner Lösung führen. Damit verschwendest du nur deine Zeit und deine Energie. Nutze lieber deinen Spielraum, um zu handeln. Ihr glaubt, dass es aller Beteiligter bedarf, um einen Beziehungskonflikt zu lösen. Es braucht aber nur dich. Du bist nicht abhängig davon, ob dein Partner einlenkt oder eine Lösung anstrebt. Dich aus deiner Resonanz zu lösen, reicht völlig aus.

Es ist niemals jemand anderes verantwortlich oder schuldig, wenn du dich unwohl fühlst und verstrickst. Das liegt in deiner Verantwortung. Zunächst ist es unbequem, keinen Schuldigen mehr zu haben, den du mit Vorwürfen überschütten kannst. Doch dann eröffnet dir genau das eine ungeahnte Freiheit. Denn du bist nicht mehr abhängig von dem Verhalten des anderen. Du bist frei, damit anders umzugehen.

Solange du glaubst, dass der andere für dein Wohlergehen mitverantwortlich ist, sitzt du in der Falle. Du machst dich abhängig, übersiehst dein Handlungsspektrum und vergisst die Fülle und den Frieden in dir selbst.

Jedes Beziehungsproblem beginnt und endet in dir selbst. Jedes Beziehungsproblem endet, wenn du dir der Vollständigkeit deines Seins, der Einheit hinter allem bewusst bist und erkennst, dass alles Liebe ist.

Was du säst, erntest du

Was du säst, erntest du. Obwohl das mehr als offensichtlich ist, ist euch nicht bewusst, dass das, was ihr tut, denkt und fühlt, Auswirkungen hat. Ihr wundert euch manchmal, warum euer Leben so ist, wie es ist, und ihr bestimmte Situationen und Menschen anzieht. Ihr überseht dabei eure Resonanz. Wenn es dich ärgert, dass dein Partner, deine Eltern oder dein Chef dich nicht genug achten und ständig kritisieren, frage dich, wo du dich selbst nicht achtest und andere kritisierst. Gewöhnlich glaubt ihr, dass es nur am Verhalten der anderen liegt. Was aber, wenn Missachtung das ist, was du selbst gesät hast, sei es im Umgang mit dir selbst oder mit anderen? So musst du dich auch nicht wundern, dass du Missachtung erntest. Denn nichts existiert losgelöst voneinander. Dein Verhalten hat Auswirkungen. Wenn du Situationen und Menschen in deinem Leben anziehst, die dir nicht gut tun, über die du dich ärgerst, frage dich ernsthaft, was du gesät hast. Es hilft nichts, von anderen zu erwarten, dass sie dich mehr achten und akzeptieren sollten. Sie halten sich sowieso nicht daran. Und außerdem, was ist mit deiner Akzeptanz, wenn du erwartest, dass sie dich annehmen und respektieren sollten? Indem du das forderst, ist deine Liebe voller Bedingungen. Gib dir lieber selbst die Achtung, als sie von anderen zu fordern. Egal wie die Umstände sind, mit denen du haderst, der Samen liegt in dir. Wenn du dich über die Aggressionen anderer aufregst, nimm deine eigene Wut wahr. In dem Moment bist du selbst aggressiv und voller Abwehr. Du bist nicht besser als sie. Akzeptiere, dass Menschen manchmal wütend sind. Wenn es dich stört, arbeite an dir und lass die anderen in Frieden.

Egal welche Situation dich bedrückt oder wütend macht, schau dir deinen Anteil an. Es geht nie um andere, sondern um dich. Du kommst keinen Schritt weiter, wenn du auf die anderen schaust. Du kommst keinen Schritt weiter, wenn du dich über die Ernte dessen, was du gesät hast, mokierst. Wenn du etwas anderes willst, musst du etwas anderes säen. So einfach ist das. Wenn du dich mit bestimmten Menschen und Situationen schwertust, schau, wo der Ursprung liegt. Du fährst nur das ein, was du bereits gesät hast. Mache dir über die Saat Gedanken und säe demnächst auch das aus, was du ernten möchtest.

Es ist das Gesetz der Resonanz, dass das, was du aussendest, zu dir zurückkommt. Wenn du Kampf säst, wird Kampf deine Ernte sein. Ihr vergesst immer, dass Situationen und Begebenheiten nicht losgelöst von euch sind. Betrachte die Natur. Wenn du Gurken säst, wächst kein Salat. Ursache und Wirkung sind ein ganz einfaches Gesetz, das zu berücksichtigen sehr weise ist. Das Gesetz von Ursache und Wirkung – Karma – ist im Buddhismus ein zentrales Thema. Vieles ist jedoch im Hinblick auf Karma missverstanden worden. Manche Menschen glauben an ein unabwendbares Schicksal und daran, alte Lasten ein Leben lang abtragen zu müssen. Dabei ist es möglich, aus dem Rad des Karma auszutreten. Karma existiert nur im dualen Bewusstsein, auf der Ebene der Zeit. Wenn du im Bewusstsein der Einheit ruhst, existiert Karma nicht, weil es keine Vergangenheit und keine Zukunft gibt, nur Ewigkeit. In dieser Zeit kannst du Karma erlösen und den Glauben an Schuld überwinden. Die Notwendigkeit, alte Lasten mit euch herumzutragen oder für etwas büßen zu müssen, ist vorbei. Je mehr ihr aus dem dualen Bewusstsein austretet, desto mehr verliert Schuld an Bedeutung. Schuld ist eine Erfindung eures dualen Geistes. Es mag sich radikal anhören, aber es gibt keine Opfer und keine Täter. Hinter allem ist nur eine Kraft. Ihr vergesst, dass ihr menschlich seid. Seid ihr schuldig, weil ihr es manchmal aus eurem gefangenen Bewusstsein heraus nicht besser wisst? Euer Glaube an Schuld hat sehr viel Leid gebracht. Einzig durch euer duales Denken scheint es Opfer und Täter zu geben. In dem Bewusstsein des Einen lösen sich Opfer und Täter auf, ist der Täter Opfer und das Opfer Täter. Letztendlich teilen beide dasselbe Thema, dieselbe Angst – nur leben sie sie auf unterschiedliche Art und Weise. Beide haben ihre natürliche Macht, ihre Essenz vergessen. Du bist nur Opfer, solange du dich dazu machst. Wenn es niemanden mehr gibt, der sich zum Opfer macht, gibt es auch keinen Täter. Durchbreche diesen Kreislauf. Gib anderen keine Macht. Übernimm Verantwortung für dich und dein Leben. Du kommst keinen Deut weiter, wenn du irgendjemandem Schuld zuweist. Wenn du unterdrückt und vergewaltigt worden bist, schaue dir deine Resonanz an. Wo ist die Saat? Wo unterdrückst und vergewaltigst du dich selbst? Wann bist du selbst hart mit dir und anderen? Kämpfen die männlichen gegen die weiblichen Aspekte in dir? Du musst dich nicht wundern, wenn du selbst das Leben nicht liebst, dass andere dein Leben bedrohen. Und wenn du dich selbst unterdrückst, musst du dich nicht wundern, wenn andere dich unterdrücken. Andere spiegeln nur deine inneren Dynamiken. Das karmische Rad steht still, wenn du erkennst, dass du alles bist, gut und böse. Es dreht sich nur weiter, wenn du nichts daraus lernst. Wenn Opfer und Täter in dir verschmelzen, spaltest du das scheinbar Böse nicht mehr ab. Lass das scheinbar Böse, Schlechte in dir ans Tageslicht kommen, steh dazu. Niemand verurteilt dich. Wenn du dich selbst oft schuldig und eher als Täter denn als Opfer fühlst, gerne Grenzen überschreitest, sodass andere sich von dir geschädigt fühlen, vergib dir. Es bedarf nicht einmal der Vergebung. Du hast keine Schuld. Keiner muss mitspielen. Niemand muss sich zu deinem Opfer machen. Wenn sie sich ihrer natürlichen Kraft nicht bewusst sind und dir keine Grenze setzen, obwohl sie sich geschädigt fühlen, ist es ihr Job, klarer zu werden. Du kannst natürlich dein Verhalten verändern und ausdrücken, wenn dir etwas leid tut. Aber es geht dabei nicht um Schuld. Schuldzuweisungen bringen euch nicht weiter. Ihr verstrickt euch nur unnötig. Genausowenig warst du jemals Opfer. Auf einer tieferen Ebene warst du einverstanden. Spüre die Liebe, die dich hinter allem mit dem scheinbaren Täter verbindet. Spür die menschliche Nähe, die ihr miteinander teilt. Nur die Liebe hat die Stärke, alles zu überwinden, deine Wunden zu heilen und dich wahrhaftig zu befreien. Wenn du dich als Opfer fühlst, übersiehst du, dass der Samen von dir gesät wurde. Wenn du dir bewusst wirst, dass der Ursprung für alles, was in deinem Leben geschieht, in dir selbst liegt, eröffnet sich ein ganzes Universum. Viele fürchten sich vor dieser Freiheit, weil sie dann nichts mehr außerhalb von sich für ihr Leben verantwortlich machen können. Aber wenn du dich wirklich aus allen deinen Problemen befreien willst, dann ist es hilfreich und effektiv, auf das, was du säst, zu achten.

Wenn du dich mit Krankheiten, Unfällen und großen Herausforderungen konfrontiert siehst, hat das nichts mit schlechtem Karma zu tun. Du wirst nur mit den Konsequenzen deiner Handlungen und deiner inneren Haltung konfrontiert. Was ist schon schlechtes Karma? Scheinbar „schlechtes Karma" kann eine gute Chance sein, schnell zu lernen und zum Wesentlichen vorzudringen. Dein Leiden erhöht den Druck. Die Sehnsucht nach Befreiung daraus ist dann um ein Vielfaches dringlicher, als wenn du ein halbwegs erträgliches, eingeschlafenes Leben führst. Lass dich von keiner Herausforderung lähmen. Herausforderungen hängen nicht wie ein Damoklesschwert über dir. Wenn du wirklich Verantwortung übernimmst und bereit bist, dir ungeschminkt ins Gesicht zu schauen, kannst du dich aus allen Anhaftungen, Lasten und Verstrickungen befreien. Das ist solide Basisarbeit und kein Hexenwerk.

Zeit und Ewigkeit

Im dualen Bewusstsein scheint der Faktor Zeit, scheinen Vergangenheit, Gegenwart und Zukunft, zu existieren. Das Eine Bewusstsein hingegen ist zeitlos. Auch wenn ihr euch in der Zeitdimension bewegt, existiert dahinter nur die Ewigkeit. Sie ist euer Ursprung. Sie bewegt sich jenseits von Geburt und Tod. Sie wandert mit euch durch die Zeit und ist doch ewig. Ihr nehmt einen Körper an und der Körper stirbt. Doch das, was ihr in Wahrheit seid, das Ewige, wird nicht geboren und stirbt nicht. Es begleitet euch durch alle Zeit. Das neue Bewusstsein beinhaltet die Bewusstwerdung dessen, was du bist, unabhängig von deinem Namen, deinem Körper, deiner Geschichte. Auf Erden habt ihr eine Hülle angenommen, euren Körper, den ihr eines Tages wieder abstreift. Ihr glaubt fälschlicherweise, dieser Körper zu sein, und identifiziert euch mit dieser vergänglichen Hülle. Deswegen fühlt ihr euch ständig bedroht und habt Angst, ausgelöscht zu werden, zu sterben und niemand zu sein. Ihr kämpft um euer Überleben. Wenn du vollkommen mit deinem Körper, deiner Geschichte identifiziert bist, geht es dir auch emotional an den Kragen.

Bist du dir der Unsterblichkeit deines Seins bewusst, bist du gewahr, dass dir nichts geschehen und niemand dem

Wahren etwas anhaben kann. Nur durch die Fehlidentifizierung mit einer scheinbaren Person hast du Angst, verletzt und ausgelöscht zu werden. Deine Essenz aber ist ewig und wird davon nicht berührt. Wenn du dich nicht mehr mit dieser körperlichen Hülle, deinen Problemen und Geschichten, mit gut und böse identifizierst, wirst du den Herausforderungen deines Lebens gegenüber gelassener. Du spürst, dass dir in Wahrheit nie etwas passieren kann, egal wie unangenehm es für deinen Körper ist. Selbst in den größten Herausforderungen ist da die Gewissheit, dass es dem unsterblichen Ewigen nichts anhaben kann. Du fühlst dich von Menschen und Geschehnissen nicht mehr so bedroht wie zuvor. Natürlich bleibt trotzdem eine Art persönlicher Identifizierung. Denn du lebst ein individuelles Leben, hörst auf deinen Namen, hast eine Geschichte. Das ist die Erfahrung der Dualität. Das Formlose, Ewige erfährt sich in der Form. Die Erfahrung in der Form, dein Leben, deine Gefühle, dein Körper, sie sind vergänglich. Schon in einem Wimpernschlag kann dein ganzes Leben anders sein – dein Körper, dein Leben zerstört und alles, was du zu sein und zu besitzen glaubst. Unbewusst wisst ihr zwar um eure Vergänglichkeit, wollt sie aber nicht wahrhaben. Ihr wollt aus eurem Körper und eurer Person etwas Ewiges machen. Ihr versucht, das vergängliche Leben unsterblich zu machen. Aber das funktioniert nicht. Natürlich bist du auch dieser vergängliche Körper, diese scheinbare Person, aber nicht ausschließlich. In Wahrheit bist du das Unsterbliche, die Quelle selbst. Du bist das, was bleibt, wenn alles stirbt. Manche nennen es Seele. Ich nenne es das Namenlose oder das Ewige. Ich möchte es nicht durch religiöse Bilder beschränken. Aber egal, wie wir das Namenlose bezeichnen, als das Göttliche, das Nichts, die Unendlichkeit – es meint immer nur dasselbe. Worte sind nicht wichtig. Sie können das Namenlose nicht erfassen, weil es unendlich ist und eine andere Bewusstseinsebene betrifft.

Wenn du diese Aussagen nicht ganz verstehen kannst, versteht etwas Tieferes in dir. Du warst und bist immer das Ewige. Du hast es nicht verloren, weil du jetzt in einem vergänglichen Körper lebst. Du hast das Paradies, die Einheit, nie verlassen. Diese Trennung von der Einheit hat niemals stattgefunden. Es erscheint dir nur so, wenn du im Bewusstsein der Trennung lebst. Das Paradies ist immer in dir, egal, wo du bist. Es existiert nicht nur im Himmel oder auf einem anderen Planeten, sondern hier und jetzt. Je mehr du dich von der Identifizierung löst, dass du nur ein Körper, eine Person bist, desto gelassener und furchtloser wirst du. Du nimmst Gefühle, Gedanken und Situationen nicht mehr so wichtig, als hinge dein Überleben davon ab. Du hast mehr Spielraum. Du nimmst vieles nicht mehr so persönlich, weil dir bewusst ist, dass dem Wahren in dir niemand etwas anhaben kann. Lass das jetzt einmal in der Tiefe wirken: Dein Kern ist unsterblich. Und das nicht erst, wenn du deinen Körper verlässt. Gewöhnlich glaubt ihr, erst wenn ihr euren Körper verlasst, zur Quelle zurückkehren und in die Ewigkeit eintauchen zu können. Wenn aber die Quelle bereits in dir ist und du nicht erst zurückkehren musst? Auch jetzt schon, inmitten deines vergänglichen Lebens, existiert ewiges Leben. Es begleitet dich. Wenn du dir deines unsterblichen

Selbstes bewusst wirst, vollzieht sich der Sprung in das Eine Bewusstsein, das Bewusstsein der Ewigkeit, ohne dass dein Körper sterben muss.

Immer mehr Menschen werden sich weniger mit ihren Taten, mit ihrem Körper, mit ihrem Aussehen und mit ihrem Erfolg identifizieren, sondern sich an den Ursprung ihres Seins erinnern. In eurem gesellschaftlichen Kontext hat das Ewige, Zeitlose noch kaum einen Stellenwert. Ihr seid auf die vergängliche Dimension ausgerichtet, in der Zeit eine zentrale Rolle spielt und nicht selten Probleme erzeugt. Ihr habt nicht einmal Zeit, einen Kaffee zu trinken, einen Menschen zu grüßen oder ihn in Ruhe die Straße überqueren zu lassen, nicht einmal Zeit, um Luft zu holen. Ihr rennt durch euer Leben, bis es vorbei ist. Atmet durch. Was dient es euch, die Hälfte eures Lebens außer Atem zu sein? Selbst wenn ihr nichts tut, seid ihr gereizt und voller innerer Unruhe. Es geht nicht darum, wie viel du tust, oder darum, weniger zu tun, sondern wie es dir dabei geht. Nimm dir die Muße, das, was du tust, zu genießen. Ihr seid oftmals getrieben von der Angst, etwas falsch zu machen oder zu verpassen. Das Einzige, was du dabei verpasst, sind Lebensqualität, innere Ruhe und Zufriedenheit, Menschlichkeit und Wärme. Letztendlich verpasst du dich selbst. Denn in diesen Momenten ist niemand in dir zu Hause. Halte inne. Nimm dir Zeit, deinen Körper zu spüren, das Essen zu genießen, einem Menschen in die Augen zu schauen, sein Wesen zu berühren. Nimm dir Zeit für diese kostbaren Momente auf Erden. Selbst wenn du viel zu tun hast, sei wirklich ganz dabei und nicht schon wieder beim nächsten. In der Ruhe liegt die Kraft, sagt ein weises Sprichwort. Ihr könnt viel besser und effektiver leben und arbeiten, wenn ihr nicht ständig unter Druck steht. Es geht nicht darum, bei der Arbeit einzuschlafen, sondern nur darum, euch nicht zu stressen. Nichts ist so wichtig, dass du dich verrückt machen müsstest. In diesem emotionalen Stress verlierst du dich und bist weniger effizient, als wenn du Ruhe bewahrst. Denn schneller und erfolgreicher bist du jedenfalls nicht, wenn du dich unter Zeitdruck setzt.

Nimm dir Zeit zum Sitzen, nimm dir Zeit, deinen Körper zu fühlen, Zeit zum Dasein und habe Geduld. Das klingt banal, ist aber sehr bedeutsam.

Ihr erwartet, dass alles in Lichtgeschwindigkeit geschieht, dass ihr etwas denkt und es sich dann sofort verwirklicht. Das ist in anderen Dimensionen möglich, auf Erden nicht. Hier gilt es, dir manches zu erarbeiten. Was leicht aussieht, setzt oftmals harte Arbeit voraus. Ich weiß, ihr hasst es, wenn manches seine Zeit dauert. Am liebsten hättet ihr euer Ziel schon erreicht, bevor ihr den ersten Schritt setzt. Ich lehre euch Geduld, zwinge euch, Schritt für Schritt vorzugehen, klein anzufangen und euch die nötige Substanz zu erarbeiten, um stetig in das Größere zu wachsen. Auf Luftschlösser kannst du nicht bauen. Wenn du mit mir die vielen einfachen Schritte geduldig setzt, stehst du auf grundsolidem Boden. Du hast dir etwas erarbeitet und das dem zugrundliegende Prinzip verinnerlicht. Es ist wichtig, dass du lernst, geduldig und unbeirrt durch Höhen und Tiefen zu wandern. Berücksichtige, dass manches seine Zeit braucht und es nicht immer nur Schokoladenseiten gibt. Wenn du schnelle Höhenflüge anstrebst, wisse, dass alles von heute auf morgen wie ein Kartenhaus zusammenfallen kann. Wenn du hingegen auch bei einem schnellen Höhenflug die Bodenhaftung nicht verlierst und über Geduld verfügst, ist das Leben dir gnädig. Bei manchen Menschen sieht es aus, als würde ihnen alles zufallen. Wenn du genau hinschaust, hat mancher sich, was leicht aussieht, lange erarbeitet und eine Menge Geduld, Zeit und Disziplin aufbringen müssen. Du kannst nichts abkürzen. Tue das, was du tust, gerne und vergiss das Ziel. Dann liegt deine Erfüllung in jedem Schritt, egal, ob und zu welchem Ziel es führt. Wenn du gleich das tust, was dich erfüllt, brauchst du kein Ziel zu erreichen. Du bist erfüllt in dem, was du tust. Das Ziel tritt in den Hintergrund. Wenn euch die Zeit langsam und die Materie zäh erscheint, dann nur, weil ihr auf ein Ziel fixiert seid und immer vorwärts strebt.

Die Zeit löst sich von selbst auf, wenn du im jetzigen Moment komplett aufgehst. Dann bist du frei von Zeit und berührst die Ewigkeit. Zeit entspringt aus der Ewigkeit und kehrt in die Ewigkeit zurück. In der Ewigkeit verschwinden meine Worte. Meine Worte vergehen, doch die Ewigkeit berührt dich. Sie ist dein Zuhause, jetzt und jenseits aller Zeit.

Die Kraft des „Ich bin"

In eurer Gesellschaft dreht sich mehr um den Schein als um das Sein. Was ihr nach außen darstellt, spielt eine große Rolle. Ihr vergesst dabei das, was ihr wirklich seid. Erinnert euch daran, einfach nur zu sein, erinnert euch an die Kraft des „Ich bin". Das „Ich bin" heißt nicht, „Ich war" oder „Ich werde sein". Das „Ich bin" ist jetzt. Es ist die Sprache der Gegenwart. Das „Ich bin" erlaubt dir, sein zu dürfen, wie du jetzt bist, und fordert nicht, dass du etwas anderes werden musst. Du bist, wie du bist, und das ist alles, was du zu sein hast. Nur in eurer dual gefangenen Betrachtungsweise findet ihr immer etwas, was ihr an euch und anderen auszusetzen habt. Irgendetwas an dir und anderen scheint immer noch nicht perfekt genug zu sein. Du kannst aber nicht anders sein, als du bist. Du kannst diesen Schein, dieses Bild von einem perfekten Menschen, nicht aufrechthalten. Es fällt wie ein Kartenhaus in sich zusammen und ist völlig unglaubwürdig. Du glaubst nur, dass du stärker, mächtiger, besser und liebenswerter wärest, wenn du deinen Perfektionsansprüchen entsprechen würdest. Du verlierst dabei an Kraft und Glaubwürdigkeit. Deine Stärke entfaltet sich, sobald du dich so akzeptierst, wie du bist.

Wenn du ein sehr impulsiver Mensch bist, wirst du, egal, wie sehr du dich bemühst, nie so bedächtig sein wie jemand, der das von selbst ist. Wenn deine Stärke in der Sanftmut liegt und du dir eine harte Fassade antrainierst, wirst du immer schwächer sein als diejenigen, die von selbst eine gewisse Härte mitbringen. Wenn du aufhörst, anders zu sein, als du bist, kannst du endlich deine Kraft nutzen.

Im Sinne der Ausgewogenheit und der Harmonie eurer Kräfte ist es aber wichtig für euch, die gegensätzliche Energie auch zu integrieren. Wenn du grundsätzlich eher sanftmütig und nachgiebig bist, kann es trotzdem in manchen Situationen wichtig und angemessen sein, eine gesunde Härte und Abgrenzung zum Ausdruck zu bringen. Manchmal kommst du mit Sanftmut nicht weiter und eine klare Ansage ist vonnöten. Ihr braucht immer beide Energien, beide Kräfte.

Es gilt, zu dieser puren Einfachheit, einfach nur du selbst zu sein, zurückzukehren. Darin liegt deine natürliche Kraft.

Ihr verleugnet euch, um etwas zu werden, was ihr nicht seid.

Wenn du dich unsicher fühlst und an Kraft verlierst, erinnere dich an die Kraft des „Ich bin". Alleine indem du dir diese Worte in Erinnerung rufst, kannst du dir deiner natürlichen Kraft wieder bewusst werden. Das „Ich bin" sagt nichts darüber aus, was du bist. Es sagt nicht, wie und auf welche Art und Weise du sein musst. Es ermöglicht dir, alles zu sein und nichts, es identifiziert und bezeichnet nichts, spricht ausschließlich vom Sein. Das „Ich bin" nimmt keine Zuordnungen vor – lässt alles offen, weil es alle Formen annehmen kann. Es umfasst alles und beschränkt dich auf nichts. Es sagt nicht, wie du sein musst und nicht sein darfst, es sagt nur: „du bist". Wenn du dich völlig mit etwas identifizierst, zum Beispiel damit, schüchtern zu sein, kannst du deinen Mut nicht fühlen. Du beschränkst dich unnötig, indem du glaubst, ein schüchterner Mensch zu sein. Identifiziere dich mit nichts. Du bist alles. Heute bist du vielleicht sanft, morgen hart, heute lustig und morgen ernst. Du kannst wild wie ein Tiger und sanft wie ein Engel sein, du kannst ängstlich sein und mutig, frei und gebunden, jetzt kannst du lachen und gleich darauf weinen. Alles ist möglich. Das Sein setzt dir keine Grenzen. Es ermöglicht dir alles. Nur deine Identifizierungen begrenzen dich unnötig. Fange am besten gar nicht damit an, dich zu definieren. Du bist nicht zu beschreiben, nicht einzufangen und nicht zu begrenzen. Alles, was bis zu diesem Moment über dich galt, kann sich im nächsten Moment schon wieder verändern. Wie oft schon hast du Verhaltensweisen an dir wahrgenommen, die du nicht für möglich hieltest? Willst du dich freiwillig in einen Käfig sperren, indem du dich definierst und begrenzt, während dich die Unendlichkeit alles sein lässt?

Spüre diese Freiheit, alles sein zu dürfen und nichts Bestimmtes sein zu müssen.

Das „Ich bin" identifiziert und bezeichnet nicht, was, wer und wie du bist. Es lässt dich grenzenlos sein und immer wieder neue Aspekte erfahren. Darin liegt pure Lebendigkeit und eine Menge spannender Erfahrungen. Wenn du dich nicht selbst begrenzt, gibt es keine Grenze.

Ihr begrenzt euch selbst, indem ihr euch in Schubladen packt und einzuordnen versucht. Was euch paradox und unvereinbar erscheint, macht euch Angst. Dabei kann alles gut nebeneinander stehen. Immer mehr Menschen sprengen eure Konventionen. Sie haben den Mut, alles sein zu dürfen und nichts sein zu müssen. Je weniger ihr in Schubladen passt, umso besser, umso weniger trennt ihr euch von euch selbst und anderen ab. Wer bist du – eine emanzipierte Frau, ein erfolgreicher, starker Mann? Was, wenn du stark und schwach zugleich bist, emanzipiert und hingebungsvoll, nicht bezeichnet und zugeordnet werden musst?

Das Leben ist voller Lebendigkeit, wenn du du selbst sein kannst und dich dafür nicht entschuldigen musst. Wenn du Angst davor hast, dass andere damit nicht umgehen können, ist es ihr Problem. Was ist an dir falsch? Akzeptiere deine Ecken und Kanten. Jeder von euch hat einen einzigartigen Charakter, ein individuelles Wesen. Das ist kein Zufall.

Das „Ich bin" stellt dich und die Art deines Ausdrucks, deine Existenz nie in Frage. Es fragt nicht, ob du sein darfst oder nicht. Vielmehr sagt es: Du bist, du bist willkommen. Das ist eine Tatsache. In der Kraft des „Ich bin" ist es unbedeutend, wer du bist, ein erfolgreicher Manager oder ein Star, ob du die Straße fegst oder arbeitslos bist. In der Kraft des „Ich bin" seid ihr alle gleich. In der Kraft des „Ich bin" ist nicht von Bedeutung, was du getan hast, wer du bist und schon gar nicht, was du hast. Alles das ist nur Verpackung. Das „Ich bin" interessiert kein Besitz und auch nicht, was du geleistet hast. Es sagt nur: „Ich bin"........ Du bist – alles andere wird nicht bezeichnet, ist ohne Worte. In der Kraft des „Ich bin" bist du ein unbeschriebenes Blatt, fallen alle Kleider, alle Hüllen. Du stehst nackt und unschuldig vor der Schöpfung, die keine Unterschiede macht. Auch wenn du

Millionen besitzt, geht es nicht um's Haben, sondern um's Sein. Besitz vergeht. Er kann dir vielleicht manches erleichtern, aber nicht deinen inneren Frieden schenken. Besitz kannst du verlieren. Dein Sein kannst du nicht verlieren, weil du es immer und ewig bist. Dazu bedarfst du nichts, dafür musst du nach nichts streben. Es strahlt aus dir selbst heraus.

Das „Ich bin", ist wie die Sonne, die scheint, nur um zu scheinen, wie Sterne, die leuchten, nur um zu leuchten. So will dein Licht aus dir heraus strahlen, einfach nur um zu strahlen, ganz von selbst. Heller als dieses natürliche Licht inneren Glücks, inneren Friedens kann kein Licht strahlen, egal was du tust, um anderen zu gefallen und ein perfekter Mensch zu sein. Es strahlt von selbst, wenn du deine Energie nicht auf den Schein, nicht auf Äußerlichkeiten richtest, sondern auf die Fülle des Seins. Dieses Licht brennt in euch allen zu jeder Zeit. Meist wird es nur von dem Schleier eurer Illusionen überdeckt.

Du bist es nicht gewöhnt, dich nur des Da-Seins zu erfreuen, nicht, weil du etwas geleistet hast, etwas darstellst oder besitzt, sondern einfach, weil du bist. Ihr erfreut euch an Babys, obwohl sie nichts leisten, oft schreien und ihre Windeln vollmachen. Ihr liebt sie, nur weil sie sind. So einfach ist das mit der Liebe und dem Glück – es liegt einzig im Da-sein, im „Ich bin". Mehr ist da nicht. Das ist wirklich alles. So schlicht und einfach. Alleine indem du bist, gibst du – deine Präsenz, deine Liebe, deine Anwesenheit. Alleine indem du in der Kraft des „Ich bin" ruhst, strahlst du Frieden aus. Was kannst du der Welt Kostbareres schenken, als in

Frieden mit dir und anderen zu sein! Was willst du mehr, als in dir zu ruhen, zufrieden mit dir und deinem Leben und das ausstrahlen? Schenke dich diesem Frieden, der Kraft des „Ich bin".

Krisen nutzen

Krisen versucht ihr tunlichst zu vermeiden. Dabei sind sie kein Fluch, sondern eine wunderbare Möglichkeit, deinen Schatten zu begegnen und vieles über dich und das Leben zu lernen. Krisen sprengen deine Muster und leiten einen Kurswechsel ein. Manchmal dienen sie auch zur Korrektur und führen dich wieder zum rechten Maß zurück. Krisen bringen Lebendigkeit, Wandlung und Erkenntnisse. Sie lehren dich das Leben mit anderen Augen zu betrachten. Krisen erweitern, lassen dich, wenn du dich nicht sträubst, wachsen. In der Regel verbindet ihr mit Krisen Schwäche und Versagen. Dabei kannst du gerade durch Krisen zu ungeahnter Stärke finden. Sie helfen dir, deinen Horizont zu erweitern und eingefahrene Gleise zu sprengen. Dass ihr bestimmte Situationen als Krise erlebt, liegt nur an eurer inneren Haltung und eurer Betrachtungsweise.

Aus dem Bewusstsein der Trennung betrachtet, erscheint es, als würden euch bestimmte Ereignisse glücklich und andere wiederum unglücklich machen. Dabei sind alle Ereignisse neutral. Als Krise empfindet ihr Situationen, in denen Hoffnungen wie Seifenblasen zerplatzen, eure Erwartungen enttäuscht oder ihr verlassen werdet. Dabei ist das „Stirb und Werde", auch scheinbarer Misserfolg ein ganz natürlicher

Prozess. Ihr wehrt euch gegen diese natürlichen Abläufe und bewertet sie negativ. In dem Vergehen von Situationen, Gefühlen, Erfolg und Besitz liegt auch die Kraft der Erneuerung. Selbst wenn nichts mehr funktioniert, passiert dir nichts. Gerade wenn das, was dir wichtig erscheint, zusammenbricht, erfährst du das Leben so pur, direkt und unmittelbar wie selten zuvor. Das Leben tanzt in jeder Zelle deines Körpers und sprengt dein gewohntes Kontrollsystem. Und indem es dich in deinen Grundfesten erschüttert, berührt es deinen Kern, so tief wie nie zuvor. Du wirst weich, verletzbar und kannst dich nicht mehr schützen. Du stehst nackt da. Es ist ein natürlicher Prozess, dass Altes vergeht und Neues erschaffen wird. Die Energie an sich geht nie verloren, sie verwandelt sich nur und nimmt neue Formen an. Euch scheint es allerdings, als sei alles, was stirbt, für immer ausgelöscht. Die Form vergeht, die Energie, aus der sie entstanden ist, bleibt. Niemals geht in diesem Universum Energie verloren. Sie ändert nur ihre Form.

Wenn du dich nicht mit den vergänglichen Formen identifizierst, dir bewusst bist, dass Gefühle, Situationen und Menschen kommen und gehen, macht dir das Zusammenbrechen von Strukturen und Erwartungen keine Angst mehr. Du bist im Ewigen zu Hause, in dem, was nie vergeht, geborgen. Wenn eine Beziehung zu Ende geht, beruflich nichts mehr läuft, dein Körper altert oder schmerzt, egal wie diese Phase des Vergehens, deine Krise gerade aussieht – sei dir des Heilen bewusst und dass immer wieder Neues geboren wird. Es geht immer weiter, es gibt kein Ende, nur wandelnde Formen und Erfahrungen. Vielleicht erscheint es dir wie eine Katastrophe, wenn du etwas Wichtiges nicht bekommst oder verlierst. Und doch geht es immer weiter. Das Leben ist ein schöpferischer Akt der Zerstörung und der Geburt, das dich und sich jeden Moment neu kreiert. Das ist ein ganz natürlicher Prozess. Er wird nur zur Krise, wenn du nicht mitfließt.

Weißt du, wie heilsam es ist und welche Gnade darin liegt, einen Tod nach dem anderen zu sterben? Durch das Sterben lernst du, wahrhaftig und intensiv zu leben. Du lernst, die Grenzen deines dualen, gefangenen Bewusstseins zu verlassen. Du wächst über deine Ängste hinaus, stirbst tausend Tode, und nichts geschieht. Du erkennst, dass jede Angst nur Gedanken, Vorstellungen und Illusionen entspringt. Du gehst durch sie hindurch.

Du könntest diese Zeiten intensiven Wandels, der Krise, auch mit Neugierde betrachten, anstatt Angst zu haben oder zornig zu sein. Sie lassen dich die Vielfalt des Lebens erfahren. Diese Vielfalt ist ein Abenteuer. Bist du bereit, dich ganz auf das Abenteuer Leben einzulassen? Betrachte es neugierig und mit offenen Augen, darüber staunend, wie es sich immer wieder neu erfindet.

Du glaubst nur, du würdest diese inneren Tode nicht überleben. Aber du überlebst, selbst wenn du stirbst. Du bist viel mehr als diese scheinbare Person. Du bist die Energie dahinter, die nie vergeht. Was kann dir passieren? Deine Angst schwindet, sobald du dir gewahr bist, dass es immer weiter geht, du nie endest und nie angefangen hast. Weil du spürst, dass das Wahre nicht stirbt und in dem Sterben des Vergänglichen gleichzeitig die Geburt von Neuem liegt.

Wenn du das Meer betrachtest, kannst du diesen Prozess nachvollziehen. Das Wasser nimmt ununterbrochen neue Formen an. Es scheint aus einzelnen Wellen zu bestehen, die sich formen und vergehen – und doch bleiben sie immer der Ozean und gehen in ihm auf. Sie sind auch dann der Ozean, während sie sich zur Welle formen. An sich gibt es keine Krisen, das Leben nimmt nur wie der Ozean und die Wellen unterschiedliche Formen an. Eine Situation wird einzig dann zu einer Krise, wenn du Angst hast, etwas zu verlieren, nicht zu bekommen, oder mit bestimmten Erfahrungen und Gefühlen haderst. Wenn du deinen Blickwinkel änderst und dir bewusst machst, dass dir diese Situation dienen und nicht wirklich etwas anhaben will, siehst du sie mit anderen Augen. Die Angst gaukelt dir vor, du würdest bestimmte Gefühle nicht überleben. Du überlebst sie und nichts passiert. Wie oft hattest du schon das Gefühl, etwas nicht zu schaffen oder nicht zu überleben? Wie oft schon hattest du das Gefühl, voller Scham im Erdboden zu versinken, dir vor Angst in die Hose zu machen oder vor Wut zu platzen? Und du lebst immer noch. Die Gefühle kommen und gehen wie eine Welle. Lass dich nicht bluffen, durchschreite deine Ängste und erkenne, dass sie keine Substanz haben. Wovor hast du Angst? Um Angst zu überwinden, musst du sie durchschreiten, musst du Tode sterben und erkennen, dass du nicht stirbst. Selbst wenn dein Körper sterben würde, stirbst du nicht. Der Stoff, aus dem deine Ängste sind, ist nichts als Illusion. Wenn dir das bewusst ist, kannst du befreit leben und atmen. Du fürchtest dich nicht mehr vor Krisen. Und selbst wenn du das erlebst, was einst eine Krise ausgelöst hätte, nimmst du sie nicht mehr als solche wahr. Wenn du dich dem Leben anvertraust und keinen Widerstand leistest, hast du kein Problem und auch keine Krise. Es sind nur dein Widerstand und deine Angst, die die Krise auslösen. Du versuchst zu halten, was nicht zu halten ist. Es entgleitet dir und du fühlst dich der Vernichtung nah. Aber selbst in dem Moment größter Krise trägt dich das Leben. Du musst das Ungewisse, das, was dir zu groß, zu schwer und unlösbar erscheint, nicht tragen und nicht immer eine Lösung parat haben. Du musst dich nur fallen lassen. Der Urgrund des Lebens fängt dich auf und trägt dich. Wenn du dich wirklich ganz hingibst, bist du sanft gebettet, selbst inmitten knallharter Erfahrungen. Wirklich schmerzhaft wird es nur, wenn du dich wehrst. Die Erfahrungen, die für dich vorgesehen sind, machst du, ob du willst oder nicht. Wenn du mitgehst, sind sie leicht, wenn du dich sträubst, machst du es dir unnötig schwer.

Es braucht deine Hingabe, dein Vertrauen in das Größere, nicht Greifbare, Unfassbare. Egal wie, ohne Hingabe und Vertrauen machst du dir das Leben schwer. Wenn dir bewusst wird, dass du nichts vermasseln kannst und das Leben dich trägt, wird es um ein Vielfaches leichter.

Der zentrale Punkt jeder Krise ist mangelndes Ur- und Gottvertrauen und dual gefangenes Denken. Egal, ob deine Krise die finanzielle Situation, Beziehungen, körperliche Belange oder deine Gesundheit betrifft, sie liegt immer in deinem Widerstand begründet und darin, dich vom Urgrund des Lebens abzutrennen. Schwierig wird es auch, wenn du Geschehnissen vorgreifen willst und dich mit Gedanken verrückt

112

machst, die die Zukunft betreffen. Du musst nicht wissen, wohin die Dinge führen und was geschehen wird. Wie oft hast du dir schon im Vorfeld deinen Kopf über mögliche Schwierigkeiten zerbrochen, und nichts dergleichen geschah, weil das Leben viel gnädiger war, als du es vermutet hast. Pessimistische Zukunftsgedanken lähmen dich nur, sie verhindern und verbessern nichts. Es hilft dir nicht, wenn du alles vorweg denkst und dich abzusichern versuchst. Du weißt nie, was kommt. Deine Gedanken sind Luftnummern. Außerdem reicht es, wenn du weißt, was jetzt zu tun ist, und dabei in dir ruhst. Inmitten aller Unsicherheit liegt im Kern deines Seins die größte Sicherheit. Wenn du Angst hast, spüre deinen Körper, die Füße, spüre den Boden. Nimm die Realität wahr und gebe deinen Gedanken und Vorstellungen kein Gewicht. Angst zerfällt wirklich wie eine Luftblase, wenn du deinen Gedanken und Vorstellungen keinen Glauben schenkst und voller Vertrauen im jetzigen Moment aufgehst. Nur deine Vorstellungen gaukeln dir eine Gefahr vor. Du liegst zum Beispiel entspannt in einer Hängematte, alles ist gut, keine Bedrohung. Plötzlich kommt dir ein Gedanke, eine Vorstellung, die jetzt nicht Realität ist, und du empfindest Angst, einen inneren Albtraum, obwohl nichts ist. Die Wahrheit ist: Du liegst in einer Hängematte, die Sonne scheint dir auf den Bauch und da ist nichts. Du könntest es einfach nur genießen. Nur deine Gedanken lassen dich leiden, obwohl die Sonne scheint und du glücklich sein könntest. Deswegen glaube diesen Ängsten und Vorstellungen nicht. Wenn es wirklich um das Überleben deines Körpers geht und Gefahr im Anzug ist, hast du keinen Spielraum mehr für Angst. Du handelst und bist geführt. Angst und Drama nähren sich nur aus deinen Befürchtungen. Erfährst du die Situation, vor der du dich fürchtest, ist meist alles halb so schlimm. Du kannst dich dein halbes Leben lang mit Befürchtungen und Ängsten quälen, die nie eintreten. Auch wenn sie einmal eintreten würden, dann erlebst du diese Situation einfach einmal, anstatt dich hunderttausendmal davor zu ängstigen. Deine Ängste sind nur Illusionen, obwohl sie sich real und äußerst bedrohlich anfühlen.

Wenn du Angst hast, hast du den Kontakt zum Urgrund deines Seins verloren. Anstatt weiter deine Ängste zu füttern, spüre den Boden und schau dir diese Ängste genauer an. Lass dich nicht bluffen. Verwurzele dich in der Realität, im gegenwärtigen Moment und nicht in den Luftblasen deiner Gedanken.

Bei vielen Menschen lösen Krisen Krankheiten und Krankheiten Krisen aus. Wenn dein Körper krank ist, ist eigentlich deine Seele krank. Dein Körper reagiert auf innere Konflikte und Kämpfe. Wenn du dich nicht deinen eigentlichen Schmerzen, dem inneren Leiden, stellst, kann dein Körper auch nicht heilen.

Die Ursachen von Krankheiten liegen fast ausschließlich in einem Konflikt mit bestimmten Situationen, Menschen oder in inneren Konflikten und Widerständen begründet. Wenn du körperliche Krankheiten und Schmerzen durchlebst, bist du oftmals gut beraten, in dich zu gehen. Ihr seid sehr stark auf den Körper fixiert und darauf, was ihm zur Heilung verhelfen kann. Nur hilft dir das nichts, wenn du nicht zum Kern der Dinge vordringst.

Wenn du Migräne hast, überprüfe, wo du dir zu sehr deinen Kopf zerbrichst, versuchst, alles zu kontrollieren, anstatt zu handeln, einfach zu leben und dich fallen zu lassen. Wenn du Herzprobleme hast, frage dich, was deinem Herzen weh tut, woran es zerbricht. Wo folgst du nicht deinem Herzen, fühlst dich nicht genug geliebt oder abgelehnt? Was tut dir in der Seele, im Herzen weh? Kümmere dich lieber darum, anstatt von einem Arzt oder Heiler zum anderen zu laufen. Gehe nach innen. Dort findest du die Antworten. Löse diesen inneren Konflikt. Dann kann auch der Körper heilen. Und gleichzeitig kannst du natürlich auf die Hilfe eines Arztes oder Heilpraktikers zurückgreifen. Egal, was du tust, es hilft langfristig nicht, wenn du dir nicht den ursprünglichen Konflikt anschaust. Heilung geschieht, wenn deine Traurigkeit, deine Wut, deine Verzweiflung, die darunter liegenden Gefühle fließen dürfen und du deinen wirklichen Bedürfnissen entsprechend handelst und nach Lösungen suchst. Sei absolut ehrlich mit dir, mach dir nichts mehr vor.

In deiner Erkrankung liegt eine Chance. Dein Körper sagt, so geht es nicht mehr weiter. Dein Körper sagt, du übersiehst etwas. Richte deine Aufmerksamkeit nach innen, gehe in die Tiefe und komme mit dir selbst in Kontakt.

Natürlich musst du nicht jede körperliche Erkrankung, jedes Wehwehchen sofort einer Analyse unterziehen. Das wäre übertrieben. Manchmal hast du vielleicht einfach nur etwas Falsches gegessen oder hast Kopfweh aufgrund unbedeutender Vergiftungserscheinungen. Es macht keinen Sinn, aus jeder Mücke einen Elefanten zu machen. Du brauchst dich nicht bei jedem Zipperlein fragen, was du übersehen hast? Damit kann man es auch übertreiben. Aber wenn du chronische, immer wiederkehrende schmerzhafte Beschwerden und Erkrankungen hast, schau wirklich hin und bleibe nicht an der Oberfläche. In diesen Beschwerden, in dieser Krankheit liegt das Geschenk, zum Kern zurückzukehren. Schaue dir den wirklichen Konflikt an. Deine Krankheit ist dein Freund, eine Art Korrektur. Sie liebt dich, bestraft dich nicht, will dir nichts.

Bei manchen Menschen führen Verletzungen, Enttäuschungen oder das Ende einer Beziehung zu einer Krise, bei anderen sind Krankheiten oder finanzielle Schwierigkeiten der Auslöser. Sie haben kein Geld mehr oder fürchten, das, was sie haben, zu verlieren. Lasse los, was du glaubst, haben zu müssen. Du brauchst viel weniger, als du glaubst. Du brauchst gar nichts. Um glücklich zu sein, brauchst du auch nicht, dass dein Partner zu dir zurückkehrt. Was du wirklich brauchst, ist dich. Was du wirklich brauchst, ist das Bewusstsein deiner Vollständigkeit. Besinne dich auf dich. Dort findest du alles, was du woanders suchst. Und das, was du wirklich brauchst, schenkt dir das Leben. Es hat immer nur dein Wohl im Auge und sorgt für dich. Allerdings meist ganz anders, als du es erwartest. Es ist deiner Bewusstwerdung zu Diensten und nicht deinen Bequemlichkeiten. Das Leben spricht eine klare Sprache. Akzeptiere es, ob du es verstehst oder nicht. Das Leben kennt keinen Irrtum. Wenn du die Vollkommenheit des Lebens anerkennst, erlebst du keine Krisen, und dein Leben ist erfüllt. Du fühlst dich selbst in den ungewöhnlichsten und schwierigsten Situationen geborgen.

Umarme diese Situationen. Denn die Krise ist dein Partner, die Krankheit dein Freund. Sie führen dich zum Kern deines Seins.

Saturnische Bewusstseinsarbeit/Übungen

Um dich aus deinen gefangenen Aspekten, deinen Verstrickungen zu befreien, ist es wichtig, dir deine Schleier, die das klare Bewusstsein überdecken, genauer anzuschauen. Damit die Schleier fallen, bedarf es eines Bewusstwerdungsprozesses, der deiner Aufmerksamkeit und einer klaren Ausrichtung bedarf. Denn wie heißt es so schön: Von nichts kommt nichts! Wenn du es wirklich wissen willst, kannst du den Schleier wirklich lüften. Es benötigt aber in der Regel eine grundlegende, solide Bewusstseinsarbeit. Manche Methoden und Vorgehensweisen, die schnellen Erfolg versprechen, übersehen den Schatten. Das kann zum Beispiel bei falsch verstandener Lichtarbeit ebenso der Fall sein wie bei manchen Methoden des positiven Denkens. Sie haben auf jeden Fall ihre Berechtigung, ihren Nutzen, aber auch ihre Grenzen. Denn oft boykottieren euch die unerlösten, unbewussten Kräfte und holen euch schmerzlich wieder ein. Sie abzuspalten, bringt euch nicht weiter. Viele von euch, die dieses Buch lesen, haben schon einen längeren Weg der Bewusstwerdung hinter sich. Trotzdem stolpert ihr immer wieder noch über bestimmte Themen.

Wenn du dir aber gerade die Themen anschaust, die für dich schwierig sind, dir wehtun, sie beleuchtest und knackst, bleibt von selbst nichts als Frieden, als Liebe. Und die ist echt und nicht künstlich auf eitel Wonne getrimmt. Der Kreis der Ganzheit kann sich schließen. Dein Schatten ist integriert. Du bist mit deinen Füßen auf dem Boden verwurzelt und hast deine Flügel entfaltet. Du kannst in der Welt bestehen und dich befreit in ihr bewegen. Vieles, was ich hier sage, mag dir profan, nüchtern und vielleicht nicht spirituell oder großartig genug sein. Genau in dieser Einfachheit, dir deine wunden Punkte anzusehen, sie zu integrieren und anzunehmen, liegt der Schlüssel, um in das Bewusstsein des Einen zu erwachen. Du kannst versuchen, den leichten Weg zu gehen, indem du deine eigene Menschlichkeit und deine Schattenseiten ausblendest und nach dem Licht strebst. Doch der schnelle Weg kann lange dauern und der leichte Weg sehr schwer sein, weil sie nicht vollständig sind und trennen. Dabei fehlt die Größe der Liebe, die nichts ausgrenzt. Ich kann dich nur ermuntern, dorthin zu schauen, wo du nicht hinschauen willst, und dich mit dem zu konfrontieren, was unbequem ist. Integrierst du das in dein Bewusstsein, kann dir nichts geschehen. Nichts mehr, was dich auf dem falschen Fuß erwischen und leiden lassen kannst. Die größten Bewusstseinssprünge vollziehst du dort, wo es wehtut, wo du dem Schmerz nicht entfliehst. Die Schattenseiten anzuschauen, den Schleier, der das klare Bewusstsein verdeckt hält, zu beleuchten, ist kostbar, egal wie unangenehm dir das ist. Darin findest du pures Gold. Dieser Frosch verwandelt sich, wenn er geküsst wird, zum Prinzen. Er ist wie ein unentdeckter Diamant, das Tor zum Einen Bewusstsein.

Hier einige Übungen, die dich dabei unterstützen können, den Diamanten in dir erstrahlen zu lassen.

Angst

Fragen: Wovor hast du Angst?

Was hast du Angst zu verlieren?

Was hast du Angst, nicht zu bekommen?

Hast du Angst vor Krankheiten, vor bestimmten Menschen, Situationen?

Vor welchen Gefühlen hast du Angst?

Welche Gefühle magst du, an welchen Gefühlen hältst du fest?

Und welche Gefühle vermeidest du, welche Gefühle hast du Angst zu fühlen?

Gefühle an sich sind neutral. Es gibt keine besseren und keine schlechteren Gefühle. Alle Gefühle haben ihre Berechtigung. Nimm die Wertung einmal raus. Dann verlieren auch die Gefühle, die du nicht magst, ihren Schrecken. Es ist nur deine Betrachtungsweise, dass du glaubst, bestimmte Gefühle haben zu dürfen und andere nicht. Die Gefühle, die dir Angst machen, die du vermeidest, schaue dir an. Was, wenn du sie einfach nur erfährst? Dasselbe gilt für die Angst.

Mache dir keine Gedanken über die Angst, sondern halte dich an die Realität, spüre die Füße, spüre deinen Körper, spüre den Boden. Spüre das, wovor du Angst hast. Stirb den inneren Tod.

Befreiung aus deinen Ängsten

Schließe die Augen. Entspanne dich.....

Lass sich vor deinem inneren Auge die Situation entfalten, vor der du Angst hast. Wo bist du? Bist du allein? Welche Menschen sind bei dir? Was siehst du? Was geschieht? Lass sich diese Situation vollständig entfalten. Nimm deine Gefühle wahr. Wovor fürchtest du dich? Was, befürchtest du, könnte passieren? Du erlebst jetzt bewusst diese Erfahrung. Und sei dir gewahr, dass dir in Wahrheit nichts geschieht. Sei dir bewusst, dass du nur auf eine Reise gehst, indem du das durchlebst, was dich gefangen hält. Du lässt die ganze Angst, alle Gefühle – Traurigkeit, Verzweiflung, egal, was du fühlst oder befürchtest – vollständig zu. Atme, fühle, lass die Gefühle fließen. Was immer geschieht, lass dich von dem Fluss, von der größeren Kraft, durch diese Erfahrung, tragen. Sie hilft dir, dich von dem zu befreien, was du unbewusst glaubst, emotional oder auch körperlich nicht überleben zu können. Nach einiger Zeit nimmst du wahr, wie sich die Situation zuspitzt – so zuspitzt, dass keine Steigerung mehr möglich ist, sodass es nicht mehr schlimmer werden könnte. Was geschieht? Was fühlst du? Wie verhalten sich die anderen? Du durchlebst das Schlimmste, was du befürchtest, nicht überleben zu können. Schaue, was geschieht, und wenn du tausend Tode stirbst, sterbe sie. Deine Illusionen sterben, die Schleier fallen, doch du, unsterbliches Bewusstsein, bleibst. Wenn der Schleier der Angst fällt, bist du geborgen in der Kraft des Größeren, des Einen. Die Angst hat nicht mehr Macht über dich, nicht mehr die Macht, dich klein zu machen, dich zu beschränken und dich glauben zu lassen, dass du an deinen Gefühlen stirbst. Nimm die Ganzheit wahr, die du bist, die nicht zerstört werden kann. Spüre das, was nicht zerstört werden kann, was größer ist als jede Angst.

Befreiung aus den Ängsten

Partnerübung

Diese Übung kannst du zu zweit machen.

Wovor hast du Angst? Hast du Angst vor einer Krankheit, Angst zu sterben, einen geliebten Menschen zu verlieren, zu versagen oder dich total zu blamieren? Hast du Angst, nicht gut genug zu sein, nicht geliebt zu werden, zu verhungern, sozial geächtet, arm und hilfsbedürftig zu sein? Was immer deine größte Angst ist, dein Partner symbolisiert jetzt für dich diese Angst. Er stellt sich dir weit entfernt gegenüber. Du schaust dieser Angst, die in dir schwelt, in die Augen, dieser Angst, die dich in manchen Momenten nicht frei sein lässt, die dich die Vollständigkeit deines Seins vergessen lässt. Du atmest. Du nimmst das, was du als Bedrohung empfindest, wahr. Was fühlst du? Möchtest du am liebsten weglaufen? Ist dir übel? Zitterst du oder wirst starr? Welche Reaktionen zeigt dein Körper? Was passiert, wenn du das, wovor du flüchtest, vor dir siehst? Bleibe einige Zeit stehen. Fühle die Angst, lass alle die Gefühle zu. Irgendwann, wenn es sich passend anfühlt, gehst du langsam auf das, was du fürchtest, zu. Setze jeden Schritt bewusst, fühle, wenn du dem, was dir Angst macht, entgegengehst. Bleibe immer wieder stehen, verweile und spüre. Du gehst, bis du vor dem, was du fürchtest, stehst. Was geschieht? Was fühlst du, wenn du der Angst, der Situation direkt in die Augen schaust? Welche Impulse hast du? Und du gehst dann ganz nah an der Angst vorbei, als würdest du durch die Angst, durch das, was du fürchtest, hindurchgehen. Du kannst auch das, was du gefürchtet hast, umarmen. Lasse einfach fließen, was von selbst geschehen will.

Auch im Alltag durchleuchte deine Angst, wage, sei mutig, es geschieht nichts. Deiner Ängste bewusst zu werden, sie zu durchschreiten, mag das Unangenehmste sein, was du dir vorstellen kannst. Wenn du es wirklich wissen und Leiden überwinden willst, ist es aber auch das Effektivste. Das Ziel ist nicht, dass du angstfrei werden und alle Ängste überwinden musst. Hier geht es nicht um Perfektion oder Leistungsdruck. Stirb die tausend Tode, um zu erkennen, dass nichts stirbt. Das ist das Bewusstsein der Ewigkeit, der Unendlichkeit. Du erfährst das, wovor du Angst hast, und begegnest dem Ewigen.

Konzentration aufs Wesentliche
Frei Sein-Übung

Hast du dich in deinem Leben verzettelt? Wo hat Unwesentliches zu viel Bedeutung gewonnen? Zunächst ganz praktisch: Was hast du angesammelt? Was ist viel zu viel und überflüssig in deinem Haushalt, in deiner Wohnung, in deinem Haus? Welchen Verpflichtungen, die dir nicht wirklich dienen, glaubst du nachkommen zu müssen? Was ist zur Gewohnheit geworden und entspricht dir nicht mehr? Woran hältst du fest, obwohl du es nicht brauchst? Gehe die Räume durch, die Schubladen, den Keller, miste aus. Dazu gehören auch deine Kleidung, dein Kleiderschrank, deine Akten. Was kannst du entrümpeln?

Hast du viel Überflüssiges angesammelt und fühlst dich unwesentlichen Dingen verpflichtet? Das ist gebundene Energie, die dich vor lauter Bäumen den Wald nicht sehen lässt und dir den Blick fürs Wesentliche verstellt. Vielleicht trifft das auf dich nicht zu und aufs Praktische bezogen ist bei dir alles auf dem neuesten Stand. Aber wie sieht es in deinem Inneren aus? Welchen unnötigen Ballast trägst du mit dir herum? Welche Rechnung hast du mit anderen offen? Wofür fühlst du dich schuldig, und wem gibst du für etwas die Schuld? Womit hast du deinen Frieden noch nicht gefunden? Hast du das Wesentliche aus den Augen verloren? Weichst du aus und suchst du nach Ersatzbefriedigungen? Was fühlst und willst du wirklich? Mach dir zur Aufgabe, deinen Frieden mit allem zu finden. Suche, falls sinnvoll, nach einer praktischen Lösung, indem du dich für etwas entschuldigst, dir selbst vergibst, dem anderen, oder finde einfach nur in dir selbst Frieden.

So wie du dein Haus aufräumst, so entrümple innerlich. Was dient dir in deinem Leben wirklich? Was hilft dir, dich an das Wesentliche zu erinnern? Bau das aus, statt Unwesentlichem zu viel Raum zu geben und alte Lasten mit dir herumzutragen. Es braucht eine bestimmte Klarheit und Entschlossenheit in dir, um den Fokus beim Wesentlichen zu halten. Du bist tagtäglich neuen, verlockenden Reizen ausgesetzt. Das ist sehr verführerisch. Natürlich kannst du das Leben genießen. Genau darum geht es ja gerade. Die Frage ist nur nach dem rechten Maß und danach, was dir wirklich Erfüllung bringt. Die Frage ist, ob es dich wirklich glücklich macht oder ob es nur Ablenkung ist, der Versuch, bestimmten Gefühlen auszuweichen. In den meisten Momenten entfernt ihr euch vom Wesentlichen, wenn ihr Angst davor habt, was ist, wenn nichts ist, wenn es leer ist. Dabei liegt in dieser Leere, nur da und frei zu sein, kein Schrecken.

Leere

Verändere deine Einstellung, deine Prägung, dass leer zu sein, nur da zu sein, etwas Schreckliches ist. Lass die Leere zu. Sei ein leerer Kanal, ein leeres Gefäß, in dem sich die Reinheit des Bewusstseins niederlassen und durchstrahlen kann. Schau, was ist, wenn du nichts bist, nichts brauchst, wenn alles wegfällt.

Innere Reise

Was ist dir wichtig? Welche Menschen, welche Dinge haben für dich Bedeutung? Was ist dir wichtig darzustellen, zu haben oder zu sein? Sieh das vor dir, was dir wichtig ist und dein Leben ausmacht: deine Kinder, deinen Mann, deine Arbeit, deine Freunde und alles, was du glaubst, zu sein oder nicht zu sein. Jetzt nimmst du wahr, wie alles einzeln in weite Ferne rückt, deine Kinder, dein Partner, deine Eltern, deine Freunde, dein Beruf, alles, was dir wichtig erscheint. Du gibst alles frei, lässt alles ziehen. Du nimmst Abschied. Sie entfernen sich immer weiter, bis du sie nicht mehr sehen und wahrnehmen kannst. All die Formen gehen, bis nichts mehr bleibt, an dem du festhältst, sich alles in der Unendlichkeit auflöst. Du gibst alles frei – deinen Partner, deine Kinder, deinen Besitz, deine Vorstellung von dir. Stell dich dieser absoluten Leere, jetzt, wo du diese Worte liest. Du sitzt da, sonst nichts. Nichts ist, nichts bleibt.

Alles, was du freigibst, musst du nicht zwangsläufig verlieren. Meist kommt es von selbst wieder zurück. Aber es erfordert deine Bereitschaft, alles freizugeben und nur im Kern deines Seins zu ruhen. Im Nichts liegt kein Schrecken, im Nichts liegt Gnade, im Nichts ist alles enthalten, auch die Fülle, wahrer Reichtum, der aus deinem Inneren erstrahlt. Die Leichtigkeit des Seins offenbart sich.

Die liegende Acht

Ein wichtiges Symbol saturnischer Bewusstseinsarbeit ist die Zahl 8. Die Zahl 8 ist die Zahl der Materie, aber auch das Zeichen der Unendlichkeit. Das Symbol der liegenden Acht kann dir eine Hilfe sein, in die Unendlichkeit, das Bewusstsein des Einen einzutauchen. In der liegenden Acht sind zwei Kreise enthalten. Es sind zwei Seiten einer Medaille, die zwei Seiten der Dualität. Sie sind nebeneinander und gleichwertig und sind doch nur eins, ein unendlicher Fluss. Zwei Kreise nebeneinander, geformt zu einer Form, die keinen Anfang und kein Ende kennt – ewig ist.

Übung: Visualisation/Meditation

Siehe die liegende 8 vor dir und fließe. Stelle dir vor, dass sie wie ein Fluss strömt und du mit ihr. Hier siehst du, wie der Fluss des Lebens fließt, kein Anfang und kein Ende kennt. Im Praktischen verbindet es auch die linke und die rechte Gehirnhälfte, männlich und weiblich. Sieh die liegende Acht vor dir, werde zur liegenden Acht und folge dem Fluss. Wer meditiert, kann die liegende Acht zur Grundlage einer Meditation machen. Du kannst mit der liegenden Acht experimentieren. Dort wo sich beide Hälften treffen, der Punkt in der Mitte der liegenden Acht, ist der stille Punkt. Du kannst dir auch eine liegende Acht am Boden vorstellen. Stell dich dort, wo sich die liegenden Kreise zur Acht treffen, hin, dort, wo nichts als Stille und Frieden ist.

Übung: Tanz der Unendlichkeit

Wer sich gerne bewegt und tanzt, kann seinen ganzen Körper im Tanz zur liegenden Acht werden lassen. Nimm die ganze Bewegung der liegenden Acht in deinen Körper auf. Du stehst mit den Füßen am Boden, bist fest verwurzelt und wirst zu einem einzigen Fluss. Die Hauptkraft geht vom Becken aus, die Hüfte, der Oberkörper und die Arme schwingen mit. Vor allen Dingen lass den Kopf frei, lass auch ihn zur liegenden Acht werden, die Bewegung der liegenden Acht aufgreifen. Es ist keine gymnastische Übung, eher eine Art Trance-Bewegung. Lass die Bewegung sich selbst finden und zu einem unendlichen Fluss werden. Es geht nicht um die perfekte Form, die perfekte tänzerische Bewegung, sondern um das Fließen. Die liegende Acht fließt, sie beginnt und endet in sich selbst, ohne Anfang, ohne Ende. Ein ewiger Fluss. Gib dich dem Fluss der Bewegung hin.

Übung: Malen der Unendlichkeit

Du kannst die liegende Acht auch malen, immer wieder malen. Lass deine Hand diese Bewegung machen.

Der Kreis

Das nächste Symbol ist der Kreis. Der Kreis, auch in der liegenden Acht enthalten, ist das Symbol der Einheit. Der Kreis hilft dir, Abgespaltenes zu integrieren und dich vollständig zu fühlen und die Einheit allen Seins zu erkennen.

Übung

Male einen Kreis, teile ihn in der Mitte, durch eine senkrechte Linie. So hast du immer noch einen Kreis, aber durch die Linie getrennt, zwei gleichgroße Hälften.

In die linke Hälfte schreibst du:
   was du gerne loswerden möchtest
   was du an dir nicht magst
   was du an anderen nicht magst
   was dich in deinem Leben stört
   was du als überflüssig empfindest
   was du in deinem Leben nicht akzeptieren kannst
   was du glaubst, was du erst überwinden musst, um in Gott, der Einheit, zu ruhen

In die rechte Hälfte schreibst du:
   was dich erfreut
   was du an dir magst
   was du an anderen magst
   was du gerne hättest, bewunderst......

Egal, wie sehr du versuchst, das, was du loswerden möchtest, loszuwerden, du kommst nicht weiter. So hältst du dich in dem Bewusstsein der Trennung gefangen, du spaltest.

Schaue dir jetzt den Kreis an. Mache dir bewusst, du bist das alles, diese Ganzheit. Gehe jeden Aspekt, den du aufgeschrieben hast, durch. Besonders die Punkte, die du hasst, die du loswerden willst, von denen du glaubst, dass sie dich behindern. Sieh, auch sie sind in der Einheit enthalten. Sie hindern dich nicht, sie trennen dich nicht von der Einheit ab. Du trennst dich selbst ab, wenn du sie abspaltest. Du musst und kannst sie nicht loswerden. Du bist alles. Du musst dich nicht von deiner Wut, deiner Traurigkeit, deinem Neid abtrennen. Nimm sie an. Wenn du ihnen mit Liebe begegnest, lösen sie sich in Luft auf.

Siehe, dass du mit all den scheinbar positiven und negativen Eigenschaften diese Ganzheit bist. Wenn du etwas hasst und loswerden willst, ist es, als wolltest du dir einen Arm entfernen. Es ist unsinnig und tut nur weh. Alles ist willkommen und in der Einheit enthalten. Besonders die Seiten, die du nicht haben willst, lade ein. Mach ein kleines Ritual, indem du das, womit du kämpfst, willkommen heißt: sei es dein Übergewicht oder egoistisch, dumm, anhänglich, gierig, neidisch, schwach, nicht erfolgreich genug zu sein. Dieser Kreis symbolisiert das allumfassende Ja. Du bist das Eine, du bist das, was du sein willst, aber auch genau das, was du nicht sein willst. Du bist das, was du bejahst und was du verneinst: Der Kreis sagt ja zu allem, er vereint. Du bist alles und darfst alles sein. Wenn du kämpfst und abspaltest, bleibst du im dualen Bewusstsein gefangen. Du findest nie

Frieden, denn du wirst das Ungeliebte so nie los. Die Perfektion, die du dir vorstellst und von dir und anderen verlangst, wirst du nie erreichen. Die Suche nach totaler Perfektion ist auf Deutsch gesagt Hirnwichserei. Perfektion ist eine Vorstellung des Geistes.

Die Liebe, die Akzeptanz für all das, was du an dir und anderen nicht magst, ist der zentrale Schritt ins Eine Bewusstsein – die Vereinigung, die Umarmung von dem Ungeliebten, Hässlichen, von dem, was du nicht haben willst. Es entspringt aus und ist alles nur das Eine. Sobald du irgendetwas nicht sein willst, dich von irgendetwas abtrennst, erinnere dich an den Kreis, die Ganzheit. Du bist bereits diese Einheit, nach der du suchst, wenn du dich nicht selbst künstlich abtrennst. Sag ja zu allem, was du bist. Das ist das Bewusstsein der Einheit.

Alles, was du nicht haben willst, hindert dich nicht. Durch deine Akzeptanz offenbart sich die Einheit.

ICH BIN

Ich möchte dir ein paar Sätze mit auf den Weg geben. Worte, die dir helfen können, die selbstverständliche Strahlkraft deines Seins zu erwecken.

Ich bin
Ich erkenne an, dass ich mich
abgetrennt gefühlt habe.
Ich bin Bewusstsein, das Verstecken
mit sich selbst gespielt hat.
Ich erinnere mich nun und erkläre das Spiel
des Vergessens für beendet.
Ich möchte das Entdecken
meiner wahren Natur genießen.
Ich bin Bewusstsein.
Ich hebe hiermit alle Gelübde auf,
die ich abgelegt habe,
um die Illusion der Trennung erfahren zu können.
Ich erkläre diese Gelübde für nichtig.
Ich bitte darum, dass alle Schleier fallen,
und darum, Emotionen, Gedankenformen, Bilder,
genetische Beschränkungen und Zellinformationen
loslassen zu können.
Ich bitte darum, in meine wahre Natur
erwachen zu können,
wenn es geschehen soll.
Ich bin, was ich bin.
Ich bin eins mit dem unsterblichen Bewusstsein.

Ich bin eins mit „Allem-was-ist".
Das Licht meines Wesens erstrahlt und leuchtet
auf meinem Weg.
Ich bin eins mit allem, was ist.
Ich bin eins mit allem, was war und sein wird.
Ich bin in Frieden.
Ich bin alles und nichts.
Ich bin frei.
Ich bin, wie ich bin,
und darf aus mir selbst heraus erstrahlen
in meiner ganzen Kraft und Stärke.
Ich bin unendliches Sein,
ich bin mehr als meine Gedanken und Gefühle,
ich bin mehr als alle Worte und Bezeichnungen,
ich bin mehr als meine Angst.
Ich bin unendliche Stärke, unendliches Bewusstsein.
Ich bin jenseits von Worten.
Ich bin frei von Vergangenheit und Zukunft,
nichts behindert und begrenzt mich mehr.
Ich gehe auf in der Quelle.
Ich gehe auf in dem Einen.
Die Illusion der Trennung ist beendet.
Ich bin alles.
Ich lebe und genieße mit jeder Faser meines Seins.
Ich bin jetzt.

Über die Autorin

Barbara Vödisch ist erfolgreiche Autorin zahlreicher Bücher. Von Kind an medial begabt, erwachte sie 2000 in dem "Neuen Bewusstsein". Sie lebt mit ihrem Mann in den Chiemgauer Bergen. Journalistin M.A.

Postfach 1333
83203 Prien am Chiemsee

www.barbaravoedisch.de

Bitte umblättern...

Bitte besuchen Sie uns im Internet unter

www.ch.falk-verlag.de

oder

fordern Sie unseren kostenlosen Gesamtkatalog an bei

ch. falk-verlag
Ischl 11
83370 Seeon
(08667) 1413